障害者家族の老いる権利

田中智子

全障研出版部

カバーデザイン、イラスト／クボタノブエ

はじめに

親の高齢期は、親自身にとっても関係者にとっても、これまで蓋をされてきた問題といえます。

「親亡き後」という言葉は、障害福祉の領域では、今も昔も変わらず、最も解決をめざすべき問題を表現しています。「親亡き後」という言葉は相反する二つの課題が覆い隠されています。

一つは、多くの親たちの心の奥底には、「子どもより一日でも長く生きたい」という思いがあるということです。つまり、親亡き後という事態は想定されていない、あるいはしたくないものとして位置づけられているのです。

一方で、長寿化により、以前と比べると障害者も親にも要ケア期間の延びによる新たな生活課題が生じてきています。２０１８年に厚生労働省が公表した平均寿命は、女性が87・26歳、男性が81・09歳となっており、他方、「健康上の問題で日常生活が制限されることのない期間」とされる健康寿命は、女性74・29歳、男性72・14歳です。平均寿命から健康寿命を引くと、女性は12・97年、男性は8・95年の何らかのケアを必要とする期間があることになります。つまり、親亡き後の手前に別の、場合によってはより深刻な問題があるのです。

「子どもより一日でも長く生きたい」と思う親たちが要ケア期間に突入したらどうなるのでしょうか。このことについては制度的にも研究的にも、そして当事者である親たち自身からも、できれば考えたくない問題として扱われてきました。

本書では、以下の三点に焦点を当てながら家族の高齢化について考えていきたいと思います。第一に、家族から社会へのケアの移行は、当事者・家族・専門職それぞれにおいてどのように経験されているのかということです。ケアの移行は、多くは当事者の暮らしの場の移行とセットで考えられるのですが、それはどのようなタイミングで考え始められるのか、親が担ってきたケア役割は誰に（どこに）どのように受け継がれるのか（受け継がれないのか）、これまで、ケアの第一義的責任を担ってきた親の人生はどうなるのか、離家後の親子関係はどうなるのか、ということに関する実態と意識についてみていきたいと思います。

第二に、第一の点に関連して、障害者や家族を支える制度とそれに基づく社会資源が、当事者の意識や実態をどのように規定しているのかを考えたいと思います。要するに、家族が安心してケアを託せる社会の仕組みになっているのかということです。結論を先取りして言うと、それは〝Ｎｏ〟で、制度や社会資源は家族を「含み資産」として内包し、それを補完的に整備されているに過ぎません。したがって、制度や福祉サービスでは支えきれない多くの生活場面があり、家族は「やっぱり自分でなければケアは担えない」という思いに至るのです。

第三に、本書を通して、家族が自分自身のニーズに基づいて声をあげる必要性について述べていきたいと思います。さまざまな社会的背景がある家族が何を一致点としてつながっていけばよいのでしょうか。私はそれは「(親の) 老いる権利」と「(子どもの) 看取る権利」だと考えます。それらは具体的にどのような状態をめざすのか、その実現に向けてどのような社会的支援が必要なのかについて考えていきたいと思います。

本書では、家族が行なっている障害のある子どもに関わるさまざまな支援を「ケア」と表現しています。その理由としては二つあります。

一つには、家族が行なっているのは、食事介助、排泄介助など時間的にも物理的にも相手に向き合わなければならない直接的支援のほかに、食事の準備や掃除などの間接的支援、経済的支援、さらには、社会資源の選択や本人の意思に思いをめぐらす、本人の帰宅時間にあわせて自分の行動を調整する、将来の心配をするといった、いかなる時も頭の中は本人のことを考えている(いわゆる〝名前のつかない〟支援) というような多様で複層的な内容を含むものだからです。

もう一つには、前述の本書の視点の三点目に挙げてあるような、家族自身のニーズとは何かを考えるためにも、いわゆる「子育て」と「ケア」は区別する必要があると考えているからです。子育ての家族責任自体改めて考える必要がありますが、「子育て」という言葉には、親がやること、当たり前のことということという意味合いがある一方で、「ケア」という言葉は、他人が関わること、大変なことという意味合いを含むと考えられるのだと思います。だからこそ、障害者家族の高齢化に伴う生活問題を考えるうえで、私はケアと子育ての境界を明確にすることが重要だと考えます。

また、「障害者家族の高齢期」とは主に家族が高齢期に入った状況を想定しています。しかしながら、障害のある人に早期加齢の症状がみられることは、研究的にも実践的にも明らかにされつつあり、家族と障害のある子ども両方に、高齢化に伴う生活問題が同時進行で出現することも念頭に入れています。

本書は2020年4月から2021年3月にかけて全国障害者問題研究会の機関誌『みんなのねがい』で連載した「高齢期を迎えた障害者と家族―老いる権利の確立をめざして」に加筆・修正をしたものです。これまで関係者と一緒にとりくんできたいくつかの調査と、連載を書くためのさまざまな取材を通じて書きあげることができました。

本書に表現されたのは、現実世界を研究者としての「私」というフィルターを通して切り取った一つの物語だと思っています。私の力不足は否めませんが、立場が変われば事実の切り取り方も変わるのだと思います。私の切り取った物語が、みなさんの問題意識を喚起すれば望外の喜びです。ぜひ忌憚のないご意見を寄せていただけたらと思います。

＊本書では、特段の事情がないかぎり「障害」という言葉を用いています。「障害」という言葉がもつ当事者にとっては不本意な意味合いは理解しつつも、国の基本的な法律においては「障害」という表記が維持されていること、2021年3月の文化審議会国語分科会でも「（障）碍」の常用漢字化が見送られるなど流動的な情勢もあるなかで、他の表現を用いることで問題のとらえが歪むことを懸念したためです。本書における障害者とは、persons with disabilities であると認識しています。

障害者家族の老いる権利●もくじ

プロローグ

四半世紀の年月を重ねて

『みんなのねがい』に連載を始める直前の２０１９年秋、障害者家族に関心を寄せるようになった原点である大学生時代を過ごした広島を訪ねました。当時、障害児学級の教員をめざしていた私は、時には大学の勉強よりもボランティアとして関わっていた障害児者の余暇活動に熱中していました。そこで出会った同世代の障害者、そしてその家族との出会いは、私の人生を方向づけたまさに運命の出会いとも言えるものです。

＊

私と同世代の障害のあるメンバーたちは、最初に出会った頃は、お互いに20歳前後でしたが、それからおおよそ四半世紀の年を重ねました。私自身は当時想像だにしなかったことに大学に職を得て、研究を生業（なりわい）とし、家庭をもち、子どもを育てながら、そろそろ年老いてき始めた親のことを気にしながらも、あわただしい毎日を過ごしています。

とても気がかりだったメンバーで、久しぶりに会うことができた方がいます。学生当時、家族ぐるみで親しくしていたよし子さん（仮名）は、障害者運動の先頭に立っていたお父さんが急逝された後、持病があるお母さんと二人暮らしをしていましたが、それもままならなくなり、きょうだいのケアを受けながらショートステイを転々としていると聞いて、心配していました。今は、ようやく決まったグループホームで生活していて、訪ねると笑顔でコーヒーを入れてくれました。

また、あや子さん（仮名）とも家族ぐるみで親しくしていましたが、お父さんが亡くなり、グループホームで生活していると聞いていました。訪ねてみると、私が学生時代は一日デパートなどを隅々まで歩いてウィンドウショッピングをするのが好きだったあや子さんが、今は歩行が困難になり、多くの時間を車いすで過ごしていました。お母さんも健康状態が悪くなって、宿泊を伴う帰省がむずかしくなり、週末に数時間職員と一緒に会いに行くことを楽しみにしているとのことでした。私が持参した20年以上前の写真を若いスタッフに見せると、今からは想像できないと言いながらも私が語るその当時の様子を聴いてくれました。あや子さんがスタッフに大事に思われているんだなと思いました。

きっとお互いに、四半世紀の年を重ねてきたことを実感しつつも再会を喜び、落ち着いた生活を送っていることが確認できて、とても安心しました。

“母として”の人生の傍らでの“置いてけぼり”感

そして、当時から、親しくおつきあいさせてもらっていた何人かの母親には直接、最近の暮らしぶりをきくこともできました。

平田さんは、30代後半の重症心身障害のあるケイタさん（仮名）をケアしています。学生時代は、高校生のケイタさんと一緒にたくさんお出かけをしましたが、ケイタさん抜きでも平田さんと私はランチやコンサートなどに出かけて、とても楽しい時間を過ごしました。ケイタさんが高等部を卒業する時に、家から通える適切な通所施設がなく、離れて暮らすのは早いのではと迷いつつも当時設立された重症心身障害対象の施設への入所を決め、その後は家族会の役員として活躍されています。ここ数年は、介護などで忙しくされていましたが、相次いで家族を見送り、その直後にケイタさんが誤嚥性肺炎を繰り返したことにより、胃ろう造設手術が必要になったことで落ち込んでいた時期もありました。

ケイタさんが小さかった頃、夫は仕事がとても忙しく、重度の障害があるわが子の育児になかなか関わることができないことにとまどいもあったのか、帰宅時間が遅く、仕事帰りに気晴らしに立ち寄る本屋に平田さんが迎えに行くこともしばしばあったとのことです。また、夫は学校行事や訓練などに関わる時間をもつことはむずかしく、今振り返っても「記憶がない」くらいあわただしい日々のなかで、ワンオペ（家事も育児も一人で担っている）状態でケイタさんのケアを引き受けてきました。そして、子どもが施設で暮らすようになった後、夫も早期退職をし、夫婦二人で日帰りや長期の旅行を楽しむようになりました。

以前、その話を聞いた時に私が「お父さんもさみしかったのかな」と言うと、平田さんは「夫婦の時間は大切だと思うけど、できれば一人の時間がほしい」と言っていました。また、子どもが入所施設を利用するようになった後、「病院の待合室で過ごした20代」の青春を取り戻すということで、雑誌モデルに挑戦したり、習いごとをしたりと、とてもアクティブに生活されています。

私が施設で暮らすケイタさんに会いに行くと、職員に声をかけられると笑顔で応えたり、同じ部屋の人が声を出すと気にかける様子が見られたりと、施設の中に居場所を得て生活していることが伝わってきました。職員体制は厳しく、ケイタさんが経口で食事をとるためには、平田さんが食事介助に行かなければならない状況です。「自分が行かなければ経口で食事をすることができない息子を思うと、食べられた時の笑顔を思ってがんばって施設に行っている」と話す平田さん。本当は会いに行く回数を増やしたいけど、夫に持病が見つかり、そのケアや家の用事や自分の体力的なことを考えると、これ以上はむずかしいかなと思っていました。

「今、やりたいことは?」と聞くと、一人で海外旅行に行きたいとも言っていましたが、「夫に気兼ねすることなく、自宅に友だちを呼びたい」とも。夫はケイタさんのことをとても愛してくれているとは思うけれど、子どもが産まれた頃、ある集まりで障害に対する差別的な発言を耳にしたことが気にかかり、子どもに障害があることで夫に対してどこか遠慮してしまう自分を感じることもあると言います。しかし、そのことについて夫と話をしたことはないとのことです。また、出産前までは経理の専門的な業務の仕事についていたこともあり、子どもが生まれてからはずっと働いていないことについて、社会の中で置いてけぼりにされたような気持ちが心の隅にあるとのことでした。

２０２１年初春に再び話をうかがいました。新型コロナ流行下で面会制限がされており、ケイタさんに会えない期間が長くありましたが、その間には看護師が電話で様子を伝えてくれたり、音楽療法の先生はメールで様子を知らせてくれたり、毎月の写真付きの通信で様子を把握していたそうです。寂しさはありつつも、自分が来れなくなった時の予行練習として良い経験をしたし、会えなくなった時のことを漠然とではあるけど考えるきっかけになったと言われていました。自分が会えないなかでもケイタさんが確実に毎日を過ごしていたことが安心材料でもある一方で、会えない期間の前半は担当職員の入れ替わりなどもあり、ケイタさんが経口で食事をとることができておらず、気になることを職員と話し合ったことで再び週に1回の経口摂取が始まったことに、やっぱり家族が本人のために代弁する役割が重要であることを実感されたとのことです。

以前とはちがう親子の距離感のなかで

もう一人、向井さんは、ご本人は脳性麻痺、息子のヨシくんはダウン症で、ヨシくんが高校の時にお父さんを亡くされてから二人暮らしをされています。親子揃ってとても社交的で、当時はたくさんの学生ボランティアをホームパーティーでもてなしてくれ、私もピータンなどの珍味？　のおいしさはグルメな向井さんに教わりました。また、ヨシくんの子育ても、その時々に必要な社会資源につなぎながらとても上手にされていて、そのユニークな子育てを『はちゃめちゃ親子が通る　親子ともに障害をこえて』（2003年、クリエイツかもがわ）という本にまとめ、学生時代の私は自分に子どもができたら、向井さんに託そうと本気で思っていました。

ここ数年は、向井さんはご両親を相次いで見送り、その疲れや二次障害による身体の不調に悩んでいるそうです。向井さん自身が受けているヘルパーなどの支援が介護保険へと移行し、いわゆる65歳問題[*]に直面し、それまでは一日1回だった訪問介護が、細切れ（短い時間）で複数回になるなどの、生活のなかの不便さを感じているなかで、将来の生活への不安が現実的な問題として感じられるようになってきたとのことでした。

2年ほど前から、家から徒歩5分くらいの場所にあるグループホームでヨシくんが新たな生活を始めたと聞いて、お邪魔させてもらいました。押入れには「お母さんには内緒」ということでジュースがたくさん置いてあり、「ここがいつもいるところ」という机のまわりにはヨシ

グループホームでくつろぐヨシくん

くんお気に入りの戦隊モノの人形などが並べてありました。入居し始めた頃は、週末数日にわたって帰省をしていましたが、向井さんが「無理に帰らなくてもいいよ」と伝えるとすぐに、日帰り帰省でグループホームに戻るようになったそうです。ヨシくんがいる時に自宅を訪ねましたが、お母さんのことや家のことを気にかけつつ、グループホームの生活も「楽しいよ」と言うヨシくんと、「グループホームが気楽なんだろうね」という向井さんのやりとりに以前とはちがう親子の距離感があることを感じました。

２０２１年初春、グループホームは事業者の都合により閉鎖され、作業所は事情により退所し、自宅で24時間を共にする二人暮らしになりました。ヨシくんは適任者との良い出会いもあり、成年後見制度の利用を始め、向井さん自身も成年後見の見守り契約を結びました。これからのことはまだ見通しがもてないけど、今後の身体のことを考えリフォームを検討したり、ヨシくんはグループホームの待機者リストに登録する一方で、向井さんの要介護度が上がったら向井さんが自宅を出て施設で暮らし、ヨシくんはヘルパーなどを利用しながら自宅での生活を続けるという選択肢もありかもということを考えるようになったそうです。

障害者家族の終わらない子育て期

平田さんと向井さんのお二人に話を聞くなかで、知り合った頃は想定もしなかった子どもの自立や、家族の不調、そしてご自身の人生を振り返るような話題がでてきたことに四半世紀の時が流れたことを実感しました。

私と同世代の子どもをケアするお二人の話から、子どもに障害がある場合は、子どもの身の回りのことや、これからのことのあらゆる面に親が関わらなければならず、いまだに「子育て期」が終わっていないと感じます。戦後、長寿化と出産する子どもの数の低下により日本人には、中年期というライフステージが登場しました。中年期とは、空(から)の巣（empty nest）期とも言われる時期で、子どもが巣立った後に親だけが残された家庭の中で、親自身は子育ての役割がひと段落し、自分の人生や夫婦関係を見つめなおす時間のことを指します。しかし、そのようなライフステージは障害をもつ子どものいる多くの親には今のところ訪れていません。もちろんその先にあるべき安心して「老いる権利」などはまだまだ遠い話です。

障害者家族の高齢化に伴う生活問題を考えていくと、障害者のケアの第一義的責任が家族に課され、社会資源はそれを前提としてしか整備されてこなかったということに改めて気づかされます。障害者の暮らしの広がりを考えると、義務教育が保障され、就労や日中活動、そして暮らしの場、さらに現在では余暇や生涯学習も展開されるようになり、障害があっても〝同社会・同時代・同年代の人と同等の生活〟を保障すべきというノーマライゼーションの視点から社会資源が徐々に整備されつつあります。しかし、それを支えているのは家族であるのに、家族のノーマライゼーションの視点は抜け落ちています。

長い子育て期を過ごすということは、親子関係や親の人生にどのような影響を及ぼすのか、どのような生活問題を生じさせるのかということを、家族のノーマライゼーションの視点から明らかにする必要があります。そして、その視点から社会的支援のあり方を問わなければなりません。

＊65歳になると、障害福祉サービスと介護保険サービスで同じ内容がある場合は、介護保険が優先されるという制度設計により生活上にさまざまな問題が生じている。介護保険に移行することによる具体的な問題として、たとえば、サービス利用の際の定率負担や介護程度区分による支給量の上限設定などがある。

第Ⅰ章
ライフサイクルを通じて積み重なる生活問題

これから考えていくさまざまな生活問題は、高齢期になったから生じるものではありません。ライフサイクルのあらゆる場面で経験される社会的不利は、社会構造によって生み出されたものであり、その蓄積により高齢期の問題が表面化しているのです。

1

〝ケア〟と〝子育て〟の境界

「はじめに」でもふれたように、本書では主に「子育て」を超えた「ケア」を対象としており、ケアを担うことが家族の生活や関係性にどのような影響を及ぼすのかについて考えていきたいと思います。

子育てを超えたケア

現在の日本の障害者家族が担っている〝子育て〟を超える部分としては、次のいくつかの側面から考えることができます。

まずは役割の面からです。

親を超える役割としては、第一に、「介助者」として、日常的なケアはもちろんのこと、幼少期から成人期に至るまで物心両面にわたって担っています。

第二に、「準専門家」として、幼少期から通院やリハビリ、療育などの場面で親に対して、子どもへの専門的な関わりができるよう指導されることも少なくありません。また、医療的ケアについても、親であれば医学的には素人であっても可とされています。

第三に、「コーディネーター」として、子どもの進路や福祉サービスに関わる情報収集や選択、職員への引継ぎなどを行なっています。

第四に、「代弁者」として、日常生活の場面では、たとえば、本人が右手を挙げたら「喉が渇いた」、お腹を叩けば「トイレに行きたい」というサインのように〝あうん〟の呼吸で本人の意思を汲み取り、他者に伝えています。また、社会に向けては、代弁者として子どもの生活や権利の拡大のための社会運動の担い手になるという役割を担っています。

次にお金の面からです。

表は、2011年に大阪府八尾市で実施した家計調査[1)]において、1ヵ月の支出として得られた結果です。これは、福祉施設に通っていて、家族同居している人、グループホームに暮らしている人のものを示したものです。収入はいずれの場合も障害基礎年金プラス工賃で、平均は10万円を下回っていました。支出は、平均でそれを3、4万円ほど上回っています。

そして支出については、いくつかの特徴が見られました。

一つ目には、世帯の収入の状況に関わらず一定水準以上の障害者本人への支出が行われているということです。この背景としては、福祉サービスの利用料（特に、グループホームを利用する場合は、５万円以上支出）や実費、関係団体の会費、本人のこだわりのものやそれに伴う外出、将来のための貯金など、家族の状況に関わらず社会的に必要とされる費用が毎月必ず発生するためです。

二つ目には、本人への支出は本人の年齢が上がる、すなわち、親が高齢化しても下がらないということです。本人が、30代、40代となるということは、親の年齢で考えると60代、70代と仕事を退職し、年金生活へと移行している時期になります。つまり、家族全体のお財布が小さくなっても、家族から本人への経済的支援は継続しているということが言えます。この理由としては、親の高齢化に伴いケア力が低下するのを補うための福祉サービスの需要が増えること、また、障害者本人の立場から考えると、経験を積み重ねるなかで見つけてきた楽しみが、生活の重要な一部となっていることが考えられます。自由記述の中にも「お金の面では苦しいですが、本人が楽しみにしているのでガイドヘルパーの回数は減らせません」ということが書かれていました。

三つ目には、この負担は、家族にも自覚されていないということです。家計調査の中でも「本人の生活に必要なお金は月にいくらですか？」という質問に半数弱の親

の支出

家賃・水光熱費などの本人分	食費・日用品費などの本人分	支出合計（円）
23515.6	40927.8	121604.6
15680.3	4065.2	133844.9

表：福祉施設に通っている人の1ヵ月あたり

	福祉サービス利用料	福祉サービス実費	1年間の特別出費	貯金や保険など	外出や買い物などの本人支出
家族同居	2126.1	10417.7	5767.9	13233.5	25616.0
グループホーム	63702.4	8642.0	10012.2	12806.0	18936.8

が10万円以下と回答しました。多くの親の認識としては、障害基礎年金と工賃という収入で、本人にかかる支出はまかなえているということを表していると思います。しかし、実際には、平均で月に3、4万円の赤字ということは、1年で50万円、10年で５００万円、20年（本人が40歳）ではなんと１０００万円もの不足分を家族は支援し続けています。これらの負担を自覚していない要因として、表中にある「家賃・水光熱費などの本人分」「食費・日用品費などの本人分」（いずれも家族全体でかかった額を、世帯人数で等分した額）などは、家族が幼少期から負担するのが当たり前と考えているもので、成人期以降も継続しているにも関わらず、親にとって改めて負担とは意識化されないことが考えられます。

　このことから、親たちは老後の備えをする間もなく、自分たちが年金生活に移行した一般的には老後と呼ばれる時期にも子どもの生活を経済的に支え続けているのです。

最後に時間の面からです。

親は時間の面からも通常の子育てを超えたケアを担っています。一日の時間で考えても、療育や訓練の付き添い、あるいは医療的ケアなどが必要な場合は学校や作業所での付き添い、そして夜間、眠るのがむずかしい子どもや医療的ケアが必要な子どもの見守りなど、自分の健康を犠牲にしても子どものケアをしていることも多々あります。また、18歳になったら、進学や就職、あるいは結婚という人生の節目をつくるのがむずかしいなかで、長期にわたり子どもの身の回りのことや将来に向けての心配をしているのです。

障害者本人に先駆けて家族に生じるしわ寄せ

このような生活を送るなかで、家族には本人に先駆けて生活や人生のあらゆる面で影響が生じています。家計調査の際に「これまでの人生の中で諦めたり、断念したりした経験がありますか?」ということを聞きました。

最も多いのが、「家族の趣味」で、次いで「生計中心者以外(多くは母親)の仕事の変更」や家族での「宿泊旅行」「外出外食」「引っ越し」「家具家電の購入」などが続きます。理由としては「本人の障害のため」というのも考えられるのですが、多くの場合にはお金や時間の問題が絡んでいます。本人のケアのために、お金や時間が制約されてしまい、親の趣味や交友関係をあきらめ、家族での外出や外食をあきらめ、家具や家電の買い替えを先延ばしたりと、生活や人生のなかで多くのあきらめを経験していることがわかります。

その一方で、「きょうだい」に関わることは、いずれの年代でも最後まで「あきらめていない」ということが明らかになりました。日常生活のなかで、いろいろな思いをしているだろうきょうだいには、自分の人生を生きてほしいという親としての切実なねがいが読み取れます。

家族の〝ケア〟は本人の〝自立〟をむずかしくする

障害児が就学猶予・免除を受けていた以前の暮らしから考えると、学校や作業所などの日中活動が保障され、暮らしの場ができて、最近では余暇や生涯学習などのとりくみもみられるようになったのに、いまだに「親亡き後」の心配はなくなりません。その背景の一つとして、ケアの家族依存があります。たとえば、社会資源ができて生活が広がるということは、それに必要なお金もかかるようになってきたということにも関わらず、障害基礎年金や工賃などの所得保障が追いついていかない、すなわち追加的にかかるようになってきたお金はすべて家族が負担せざるを得ないのです。お金の面だけではなく、時間や、さまざまなサービスの調整の負担なども同様です。つまりは、親によるケアが前提として埋め込まれて社会資源が整備されているので、いつまでたっても「親亡き後」問題は解決されないままなのです。

この問題の本質的な解決に向けては、子どもの障害の有無に関わらず家族が担うのが適当とされる「子育て」（この範囲・内容についても慎重に考える必要があります）と、社会が責任をもつべき「ケア」を分けて考える必要があると思います。そして、これまでは家族は、ある意味、本人の代弁者として施設づくりや地域づくりの運動を担ってきた面がありますが、これからは、「働きたい」「ゆっくりしたい」「お金の心配なく暮らしたい」「健康に生きたい」などの自分自身のねがいを社会に届けることが重要だと考えます。

私自身がこのようなことを考えるきっかけとなったのは、ある障害当事者の方に「なぜ自立しないのですか?」と尋ねた時に、「そんな簡単に言わないでほしい。自分が出て行った後の家で、親がどのように暮らすかが心配なんだよ」と言われたことです。親が自分の生活や人生を、時には犠牲にしながらケアをし続けているということは、本人にとってもプレッシャーとなる場合があることに気づかされました。親の応援もあり、本人がさまざまな経験を重ねて、親元を離れる力をつけた時、親はそろそろ老いを感じる年齢となります。そのような時に、彼は、自分は親を置いては出られないという思いに至ったのだと思います。

親も子どもも〝当たり前〟の家族のなかで、家族の時間と自分の時間の両方を過ごし、障害があってもなくても、それぞれが自分の人生を考えることができるような社会的な仕組みが必要だと思います。

1）本調査の詳細は，「八尾市知的障害児・者のくらし実態調査」実行委員会編『知的障害児・者のくらし実態調査』ならびに田中智子（２０２０）『知的障害者家族の貧困―家族に依存するケア』（法律文化社）にくわしい．

2
子育て期の母親の生活問題

ここでは、高齢期に生じる生活問題のありようを考えるためにも、現在高齢期を迎えた親たちの子育て期にはどのような生活問題があったのか、その問題は現在の子育て期にある親たちにおいては解決しているのか？　ということについて考えてみたいと思います。

家族がつながるむずかしさ

最近、家族会の存続のむずかしさについてよく耳にするようになりました。全国的な障害者家族会のいくつかが解散や縮小したのも記憶に新しいところです。そして具体的な声としてあがるのは、上の世代の親たちからは「会議や企画などに今のお母さんたちは、働くことに忙しくて来ない」」、下の世代の親たちからは「上の世代の親たちがやってきたことは尊敬するけど、自分たちはそのようには頑張れない」というものです。

家族会は、ピア（当事者同士）の立場で悩みを共有できたり、「個人的な問題は社会的な問題である」ということを確認するうえで、非常に大事な役割を果たしています。「家族会に来ない」と言われている下の世代の親たちに聞いてみると、つながりたいという気持ちや、生活のなかの困りごとについてみんなで共有したいという気持ちはあっても、余裕がなくて参加できないという意見が多く聞かれます。

仕事の話はタブー!?

「家族会では仕事の話はタブーなんです」というのは、以前、50歳代後半の母親に就労に関わるインタビューをした時に言われた言葉です。自分より上の世代の親たちは、学校や作業所など、あらゆるライフステージにおいて社会資源が不足しており、それらをつくりだす運動を子どものケアと並行して行なっており、母親が働くなんて想像すらできなかったとのことです。自分たちより下の世代の人たちは、夫の稼ぎだけでは高騰する教育費用をまかなえず、家計のため、あるいは自分のキャリアのために仕事をしている人も多くなり、家族会の運営がむずかしくなってきたとのことです。そういった世代のどちらの事情もわかる自分たちの世代は板挟み状態になっており、家族会で仕事の話をするのはタブーとのことでした。

一方で、現在、子育て期にある親たちは以前と比べると働いてはいますが、障害のない子どもを育てる同年代の女性たちと同等の働き方ができるようになっているのでしょうか？

現代の女性たちの働き方は、子どもに障害があってもなくても、さらには子どもがいてもいなくても厳しい状況にあります。近年、国家政策としても女性の労働力化が進められており、子育て・介護中であったり、高齢であったりしてもとにかく働ける人は働く、そして、働かないと生活できない状況にまで追い詰められてきています。蓑輪明子さんの分析によると、2000年以降の女性労働の特徴として、従事者が増えているのは医療・福祉領域であること、正規雇用の割合が高まっていること(2019年の正規雇用の比率は44％)、男性と比べて賃金が低いこと(非正規でも男女差が認められる)、正規労働者の低賃金と長時間労働が標準的になっているなどが挙げられています。[1)] そのことを、「男性労働者の賃金抑制・低賃金化が進み…家族の追加的就労による所得が家計の補助ではなく、主たる収入となる共働き化が進んだのである。家族総出で就労し、生活を支える構造を…新自由主義時代の新しい家族主義」と表現しています。つまり、現代の家計における女性の稼得の役割としては、補助的なものではなく、不可欠なものとなってきているのです。それは、子どもに障害がある世帯においても同様です。日常生活費だけではなく、(本人やきょうだいの)教育費、そして有償化されたさまざまなケアを購入するために稼得は重要なものとなっています。

たしかに、現在は、以前と比べると障害児者が利用できる社会資源が増えてきており、母親が働くための環境が整いつつあります。また、放課後等デイサービスなども各地で増えてきており、社会資源がないために母親の就労が困難になる「壁」については、以前は、小学校に入学する時点の小1の〝壁〟と言われていたのが、その後、学童保育が利用できなくなる小4の〝壁〟になり、今は学齢期の放課後等デイサービス事業が利用できなくなり、作業所終了後のアフターファイブの問題にぶつかる18歳の〝壁〟と、高等部卒業時点まで先送りされるようになってきました。

障害児の母親の仕事⁉

２０１６年に実施された「北海道・札幌市の子どもの生活実態調査[2]」では、子どもの発達の遅れや障害の有無と母親の就労状況を調べています。これによると、「正規職で働いている」母親の割合は、子どもに障害が無い場合19・８％、ある場合は12・８％で、「就労していない」割合は、子どもに障害が無い場合は21・６％、ある場合は31・６％と、依然として子どもに障害がある場合の働くことのむずかしさがうかがえます。

母親たちに、就労に関わるお話を聞かせてもらうと、障害のある子どもの母親たちが多く従事している仕事があることに気づきました。代表的なのはヘルパーです。子育ての経験が活かせるという事情も大きいですが、最大の理由は時間の融通がつけやすいことです。子どもがヘルパー利用をしている事業所で自分もヘルパーとして働き、子どもの病気や天候などの事情で仕事を休まなければならない時は、子どもに入る予定だったヘルパーに自分が入る予定だった利用者と替わってもらうことでやり繰りをしている人もいました。また、チラシなどのポスティングや、レンタルの掃除用品を取り扱う会社で障害者の親が複数働いているということを聞いたことがあります。そこで働いている人の話を聞くと、「車に子どもを乗せてドライブを兼ねて仕事をしている」ということでした。

ここから見えてくるのは、ケアを優先した働き方をするなかで、「当たり前」に働くのはむずかしいという現実です。送迎や付き添いなど、親が担うことが社会的に期待されるケアを優先し、職場にも気を遣いながら働いている人が多くいます。子どもが寝てから深夜までレストランの清掃をしているという話も聞きました。「きょうだいの学費を貯めなければならないから」という理由でしたが、健康状態が心配です。

ケアの格差

もう一つ、気になることにケアの格差ということがあります。大石亜希子さんによる論考では、末子が6－8歳という、食事準備やコミュニケーションにおいて大人を必要とする年齢であっても、二親世帯と比べると、母子世帯では母親が一緒にご飯を食べる頻度が少ないことが報告されています。[3] また、二親世帯の母親と比較して母子世帯の母親は、早朝、夜間、深夜などに働いている割合が高いことも明らかになっています。つまり、子どもたちが受けることのできるケアには家庭により格差が生じているのです。母子世帯においては、ケアも稼得も母親が一手に引き受けなければならないことから、そのしわ寄せが子どもにも生じていることが危惧されます。

このようなケアの格差という問題から考えると、子どもに障害があるということは、子どもにかかるケアが質量ともに多いということが気になります。丸山啓史さんらが特別支援学校の教員へ養育困難に関する聞き取り調査を行なったところ、気になる子どもの様子として、お風呂に入れていない、爪切りができていない、散髪ができていない、通院できていない等々が挙げられています。[4] しかしながらこの背景には、爪切りや散髪などの日常的なケアが障害があるゆえに通常よりもむずかしいことに加え、行動障害や医療的ケアなどの専門的ケア、さまざまな社会資源との調整や手続きなど通常の子育てよりも質量ともに負担が大きいケアを、稼得役割や家事などと同時進行的にこなすことに家族が困難をきたし、子どもの不利益につながっていることが考えられます。また、これらのケアにどこまで学校として介入すべきなのかという点において教員たちが迷っている様子がうかがえ、親たちが「家庭でなすべきことができていない」と見られているのではないかという思いが募り、孤立感を深めていることは容易に想像できます。

日本は、諸外国に比べて生活の手立てにおいて手当や控除などの占める割合が低く、賃金への依存が非常に高い国です。そもそも親をケア役割に必要以上に固定化しないように、社会資源を機能させた上で、ケア役割を正当に評価し、必要であれば有給休暇や手当などの制度化など、ケアの格差を生み出さない仕組みが必要です。

きょうだい児の子育て

そして、子育ての板挟みという点では、障害のある子のケアときょうだいに関する悩みも深刻だと思います。私のママ友に障害のある息子さんを育てている人がいます。以前、お茶をした時に「本当は2人目もほしかったけれど、息子を育てながら妊娠、出産、育児をする自信がない」という話がでました。きょうだい児の問題は、今なお大きなテーマとして横たわっていることに気づかされました。

療育施設の保育士が、以前は、母子が療育に集中できないという理由から、きょうだいの同伴は原則的に禁止という方針を長い間とっており、そのことについて「母親の方もきょうだいには酷なことを、と思いながらも、園の方針との間でいた挟みになり、周囲の人に気を遣い、（施設内で遊ぶきょうだいに：筆者注）叱ることで対処するしか術はなかったと思います。当時の私たちは、障害児自身の発達を促すこと、そして母親が良き療育者になることを療育の目標にしており、きょうだいに対して『子どもだから仕方がない』と感じながらも、優しく見守る視点と余裕が少なかった[5]」と振り返っています。

現在の療育施設の状況は異なるかもしれませんが、障害児の親たちが、専門職や家族やきょうだい児などあらゆる方向に気を遣いながら子育てをしなければならないのは、今も変わらない部分があるのかもしれません。

ノーマライゼーションは縦ではなく横でみる

「当たり前の暮らしにどれほど近づいたか」というノーマライゼーションを考える時は、「昔と今」という縦の時間軸ではなく、「同時代・同世代の人」との関係という横軸でみることが重要だと思います。

たしかに、以前と比べて、障害児者の母親は就労できるようになってきましたが、同世代の障害のない子どもの母親や女性たちの働き方と比べるとどうでしょうか？　障害児の母親たちとほかの女性の生き方の差という点では、もしかすると就学猶予・免除の時代に子育てをしてきた母親たちと今とでは縮まっていないかもしれません。あるいは、多様なライフスタイルの選択肢が広がっているように見える現代においては、ケアを中心とした生活を避けられないことで、その溝は広がっているのかもしれません。

それを解消するためにも、今こそ世代を超えて障害者の家族がつながり、日本の社会や制度がつくりだした「障害者家族」が、当たり前の生活がしたいと声をあげられるよう支えることも支援者の重要な役割だと思います。

１）蓑輪明子（２０２１）「ジェンダー平等戦略を改めて考える―女性の労働問題と貧困を克服するために」『経済』Ｎｏ・３０６、新日本出版社
２）「北海道子どもの生活実態調査 結果（平成29年6月）」
http://www.pref.hokkaido.lg.jp/hf/kms/kodomonohinkon/tyousa_kodomo.htm
３）大石亜希子（２０１９）「子どもをケアする時間の格差」松本伊智朗・湯澤直美編『生まれ、育つ基盤―子どもの貧困と家族・社会』明石書店
４）丸山啓史・窪田知子・河合隆平・越野和之・田中智子（２０１４）「障害児家族の生活・養育困難と特別支援学校教員の対応」『京都教育大学紀要』Ｎｏ・１２４
５）西島正恵・岸本品江（２００３）「通園施設の幼いきょうだいたち」広川律子編『オレは世界で二番目か？障害児のきょうだい・家族への支援』クリエイツかもがわ

第Ⅱ章　家族から社会へのケアの移行

本章では、家族の高齢化にともない不可避になるケアの家族から社会への移行について考えていきたいと思います。ケアの移行は実際にどのように行われているのか、移行に際し親・きょうだい・本人・専門職は何を思うのでしょうか。

1

家族から社会へケアの移行を考える①

移行の現状ととりくみ

第Ⅱ章では、家族が高齢期を迎えるなかで、家族が担っていたケア役割を社会へどのように移行していくのか、安心して移行するためにはどのような社会的な仕組みが必要なのかについて、親・きょうだい・本人・職員の視点から考えていきたいと思います。

本章で紹介する調査結果は、日本の障害者作業所の先駆けとして法人設立50年を越えた愛知県にあるゆたか福祉会で２０１９年に行なった当事者・家族・専門職を対象とした家族の高齢化に関する調査（全利用者約６００人を対象）です。

まず、家族からグループホームや入所施設などへの暮らしの場の移行の現状と、それに際して、どのようなとりくみがなされているのかについて紹介します。

モデルのない暮らしの場の移行

まずはそれぞれの暮らしの場の利用者の現状を確認します。ゆたか福祉会では、それぞれの暮らしを利用する障害者本人の平均年齢は、家族同居が36・4歳、グループホーム（以下、ＧＨ）が51・3歳、入所施設が50・2歳となっていました。

それぞれの暮らしの場の世帯類型を示したものが**表1**です。特徴は、家族同居と比べて、ＧＨ、入所施設では「両親世帯」が20ポイントぐらい低くなっており、代わりに高いのは、「単親世帯」「きょうだい世帯」です。それと関連して、同居家族が何人かということを表す「平均世帯人員数」も、家族同居では2・4人であるのに対し、ＧＨや入所施設利用者の場合は、2人を切っています。つまり、現在の暮らしの場の移行は、親が高齢化し、家族の中でケアの担い手が少なくなってから行われているということが確認できます。

表1　暮らしの場別の世帯類型・平均世帯人員数（単位%）

	両親世帯	単親世帯	きょうだい世帯	その他	合計	平均世帯人員数（人）
家族同居	58.3	35.4	4.7	1.6	100.0	2.4
GH	37.3	44.1	18.6	0.0	100.0	1.97
入所施設	39.1	43.5	17.4	0.0	100.0	1.87

また、障害者のケアに最も責任をもつ人（本書では、「第1ケアラー」と表します）については、表2に示したとおりで、家族同居の場合は、「母親」が7割を超えるのに対して、GHや入所施設の場合では、約15ポイント下がり、代わりに「きょうだい」や「成年後見人」、「不在」というケースが増えます。

私は、20年ほど前に大阪で「親の自立・子どもの自立」ということを掲げた暮らしの場づくり運動にふれた時、関係者に「なぜ『子どもの自立・親の自立』ではないのか？」と疑問に思い、尋ねたことがあります。その時に返ってきたのは、「子どもの自立が先にあり、それを親が支えるようでは双方が自立できない。まずは親の自立を追求することが、必然的に子どもの自立を促すことになる」という答えで、まさに目から鱗(うろこ)が落ちる思いでした。しかし、実際には、暮らしの場に関わる社会資源が不足しており、20年経った今もそのようなことは実現していないのが現実です。

高齢化に伴い、暮らしの場が移行するという現状では、

表2　暮らしの場別の第1ケアラー（単位%）

	母	父	きょうだい	その他の家族	成年後見人	不在	合計
家族同居	70.5	11.5	11.1	4.1	0.0	2.8	100.0
GH	53.1	12.2	28.6	1.0	1.0	4.1	100.0
入所施設	55.7	8.2	21.3	0.0	6.6	8.2	100.0

タイミングやその後の親子双方の生活や関係性について、モデルとなる人が身近にいないため、移行に踏み出すことを躊躇する人も多いと思います。

これからの生活のありようを決めるのはこれまでの生活

以上のような現状においては、暮らしの場の移行や、その後の親子それぞれの暮らし、その延長にある親亡き後について、心配は尽きません。それらを私たちは、将来が見えないことから生じる不安ととらえがちですが、重症心身障害のある子どもの母親である児玉真美さんは、「親にとっての『親亡き後問題』とは、実はその人が生きてきた固有の『これまで』においてどのような体験をしてきたか、という問題なのではないだろうか」と述べています。そして、この社会に子どもを託して逝けるのかということについては、「自分はこの社会をどのような場所として体験してきたか、総体としての人間をどのような存在と感じているか」ということによると述べています[1]。

私は、この文章から、親亡き後問題を解決するためには、社会資源の整備だけではなく、子育てのこれまでを振り返ることが必要だと気づかされました。その際に、これまで障害のある子どもの子育てをするなかで「母親として」どのような出会いをし、生活を送ってきたのかということと、「一人の人間として」どのような人生を送ってきたのかという両面を見ていく必要があると考えます。

実際に、これまでを振り返るようなとりくみを通して、暮らしの場づくりを展開している例を紹介します。

一つ目は、福岡ひかり福祉会の２００３年に設立された入所施設のかしはらホームで、施設づくりの過程において、「親のねがいを掘り起こす」勉強会を積み重ねた事例です。施設長の宮崎玲子さんによると、入所施設づくりの勉強会では、それまでの子育ての話をするところから始まりました。そのなかで、もっとも時間をかけたのが、一人ずつ、どのような思いでわが子を育ててきたのか、今はどういう思いで生活をしているかということについて、聞き合うことでした。

「恥ずかしいけど、子どもと同じ部屋で寝ている」「息子のお風呂は自分がやっている」というような話が出ると、参加者の中から、「それって悩むよね」「一般的ではないよね」という感想が寄せられたとのことです。親にとっては、わが子との関係があまりにも近すぎて、自分では「当たり前」と思ってきた暮らしが、他者と語り合うことにより「ちょっとちがう」と気づくなかで、「今の暮らしは、大人になったわが子にとってどうだろう」という視点から見直すことができ、「親が元気なうちに子どもの暮らしの見通しを立てたい」という意見が出てくるようになったとのことです。

その後の具体的な施設の設計図を考える段階で、はじめは、「入所施設のロビーはアロマの香りに音楽」というような当たり前の暮らしのイメージからはかけ離れた意見が多く出ました。

食後のコーヒーを待つ（かしはらホームのキッチン）

しかし、いろいろな施設を見学したり、自立を考える学習をしたりするなかで、「普通の家にあるにおいはなんだろう？」「一人ひとり家のにおいはちがうのでは？」ということを考え、ロビーにお金をかけるくらいだったらキッチンにお金をかけ、ご飯の炊ける匂いがする空間であってほしいということになりました。そうして、かしはらホームの各ユニットの中心はキッチンとなっています。

開設して1年経ったころ、こんなことがありました。ある仲間（入居者）が、母親に泣きながらほかの仲間とのトラブルを伝えたことで、お母さんは驚き「子どもを自宅に戻したい」と職員に訴えましたが、子どもの方から「ここは私のお城なんだから、お母さんがいろいろ言わないで」と言い返されたそうです。母親は、子どもは本心では家に帰りたいのだろうと思っていたようですが、ホームの自室で自分の趣味の絵を描いていた姿を見て、「わたしはこれ以上言うのをやめます」と言われました。わが子の新しい暮らしを尊重された母親の決断が伝わるできごとだったとのことです。

勉強会は、親たちにとって、子どもがひとりの大人であるということを意識し、自立のあり方や親である自分たちの役割について、いろいろと考える機会になったそうです。「大人の生活というのは、訓練のためにあるのではなく、人との関係性の中で生活していくことが大事だということ」「これからの子どもさんの生活は社会に託して、お母さんたちはゆっくり過ごしてほしい」と、宮崎さんは言います。

*

もう一つの例は、暮らしの場づくり運動が実り、2019年に3ヵ所の入所施設が開設した埼玉県でのとりくみです。暮らしの場づくり運動の中心メンバーに保護者として関わってこられた足立早苗さんは、そのとりくみを次のように振り返ります。

県内各地の各法人から集まってきたメンバーとは、例会の大半を自己紹介や自分の思いを交流することで、連帯感が生まれ、暮らしの場の整備を求める共同の土台が築けました。そして「親は子どもが可愛いので、どんなことをしてでも介護をするけど、家族介護には限界がある」と公的責任による暮らしの場の整備を求めることにつながりました。
勉強会を重ねることで、子どもの自立を考えると同時に、「親も一人の人間として自分の人生を生きる権利がある。これまでは大変な生活の中に埋もれてきたけれど、それは仕方ないということで済ましてはいけないのではないか」という思いで一致することができました。そのなかで親も自分の人生を生きるために、「親亡き後の施設づくりではなく、障害のある人の青年期の自立のための施設づくりをしていこう」と確認することができました。

また、運動を通して、これまでなかなかつながりをもつことができなかった次の世代の母親たちも運動の輪に加わってくれるようになり、「親一人ひとりがどんどん変わっていくし、運動としても厚みが出てきている。まだ私たちがつながっていない孤立している家族とどう手をつなげていけるかが課題です」と足立さんは言います。

親子ともに将来の見通しがもてるような暮らしの場の整備を

これまでの暮らしを語ることは、子育てを振り返り、自分の人生や夫婦のあり方などを見直すことにつながります。これまでどのような子育てをしてきたか、そのことを自分はどのように考えているのか、これからやりたいことやり残したことは何か、ということを見つめる機会を仲間ともつことを保障するのも家族会の大事な役割です。

暮らしの場の移行のタイミングは家族によって異なるものだと思いますが、さまざまな悩みや迷いの末に移行を決断しても、それに応える社会資源がないということは、しんどさを増す結果になります。家族の決断を支えることのできる暮らしの場の整備は喫緊の課題です。

1）児玉真美（２０１７）「ある母親にとっての「親亡き後」問題」『障害者問題研究』第45巻第3号

2 家族から社会へケアの移行を考える②
親の視点から

ケアの移行は、親の立場ではどのように経験されているのでしょうか。親たちの経験の特徴について、ゆたか福祉会の調査を通じて明らかになった次の三点から考えていきたいと思います。

家族と専門職では家族同居の限界は異なる

一つ目の特徴は、「(あなたと障害のある子どもは) いつまで同居が可能だと思いますか?」という質問に対する回答が家族と職員では異なるということでした。家族は「既に難しい」と回答していても、職員は「5年以上可能」という回答を寄せているケースがあり、反対に職員から見ると「1年から3年ぐらい」という短期間で限界がくると判断されていても家族は「10年以上可能」と回答しているケースもありました。

専門職は、本人が家族による適切なケアが受けられない、あるいは家族のケア力が低下しているなどと外形的な条件で判断するのに対し、家族は、どのくらいしんどいか？　という心理的側面で判断していることが考えられます。このしんどさについては、個人差が大きいので人によって感度が異なることと、ケアを行う生活が当たり前になっているので家族が自分自身のしんどさに気づけないこともあるかもしれません。実際に福祉現場では、グループホームや入所施設への移行を勧めても、家族から「まだ大丈夫です」と言われるケースもあると聞きます。「大丈夫」に込められた意味と生活背景を考える必要がありそうです。

家族外に移行することがむずかしいケア

二つ目には、暮らしの場を移行しても、ケアによっては家族外に移行するのがむずかしいケアがあるということです。ゆたか福祉会の調査では、衣服管理、年金管理、資産管理、余暇の調整、思いの代弁、通院の付き添い、医療同意、生活の場の選択というケアをそれぞれ誰が担っているのかということを聞きました。その結果、当然のことですが、家族同居の場合では多くの場面で家族がケアを担っており、まさに生活・人生のコーディネーターとしての役割を担っている様子がうかがえました。入所施設やグループホームに移行しているケースでも、年金管理、資産管理、医療同意、生活の場の選択などは支援者ではなく、「回答者自身」あるいは「回答者以外の家族」などという回答が多く、家族外に移行することがむずかしいと言えます。

これらは、法的な行為、あるいは本人の意思決定に関わるものであり、成年後見人制度を利用した場合でも、制度的な問題で使えない（使いづらい）、または（本人の意思についての）正解がわからないという状況なのかもしれません。本人の意思を尊重するために、厚生労働省から「意思決定支援ガイドライン」が示されてはいます。その中で「本人のこれまでの生活史を家族関係も含めて理解することは、職員が本人の意思を推定するための手がかりとなる」と書かれていますが、福祉現場にはこのようなことにじっくりととりくむための人員体制や研修の保障などの余裕はありません。家族の歴史をふまえたうえで、家族が納得できる形で移行が実現できるのか、安心して託せる専門職集団や資源があるのかということに見通しがもてるようになるための制度的基盤の整備が求められるところです。

生活の場の移行後も家族と本人とは密に交流をしている

三つ目に、暮らしの場を移行した後も家族と本人は、密に交流しているということです。調査結果によると、グループホームで暮らすようになっても「週に2、3回は本人と会う」と回答された方が両親世帯で約45％、単親世帯でも約30％いました。月に2、3回程度までを合わせると、ほとんどの方が当てはまり、きょうだい世帯に移行した後も、6割以上の人が月に1回以上会っており、移行後も頻繁な交流をされている様子がうかがえます。

面会で心がけていることとしては、「体調や楽しく暮らせているかの確認をしている」や「頭髪や爪等のケア」などの『健康面への配慮』、「出来る限り、話を聞いて、希望を叶えられるよう一緒に過ごす」や「本人の話をじっくり聞くこと。一緒に出かけたりする時間をもつこと」などの『コミュニケーション』、「帰省した時に日曜日は喫茶店にモーニングに行き、スーパーへ買い物も一緒に行きます」や「旅行や外食、ともに過ごすこと。楽しみをつくること」などの『外出の楽しみ』や、「言葉で自分のことを話すことはできないので、表情や体の様子、気持ちがおちついているかどうか、連絡帳の内容と合わせて気を付けている」などの『見守り』などが挙げられていました。

高齢期を迎えた親にインタビューするなかで、しばしば耳にするのが、「運転免許の返納をどうしようか悩んでいる」ということです。なかには80代の母親が毎週末、長距離を運転して子どもを迎えに行っているケースもあり、運転自体への不安を抱えながらも、会えなくなった後の子どもの生活の質の低下が心配でやめることはできないとのことでした。これは障害のない子どもの場合であれば、子どもの方から高齢の親に会いに行くところ、障害がある場合、それを実現する支援がないことも一因です。

ケアの移行とは、親子の関係や距離感を変え、それまで第1ケアラーとしてケア中心の生活を送ってきた親の生活を変える重要な契機であることはまちがいありません。しかしながら、移行後も当たり前の親子としての交流は保障されるべきです。そのことについては、後の部分でくわしく述べたいと思います。

本人の自立と親の中年期

実際に子どもさんのケアを移行された方へのインタビューを通して、家族がケアの移行をどのように経験しているのかについて考えてみたいと思います。

第Ⅱ章－１でもご登場いただいた埼玉県の足立早苗さんは、２０２０年現在、70歳で、44歳と41歳の二人の子どもさんが、２０１８年に開設したみぬま福祉会の入所施設「はれ」に入所されました。子どもさん二人は、特別支援学校で2年間の寄宿舎生活を経験していたこともあり、友人と暮らすということについてとても前向きな思いをもっていました。

入所施設づくりに際しては、家族・職員・仲間で準備会をつくり、いろいろなことを三者の合意のうえ進めてきました。仲間の準備会には二人の子どもさんも参加することで、ほかの施設の見学や先に入所している仲間との交流会なども行い、施設で暮らすイメージをつくっていけました。「将来、みんなで暮らしたいの？」と聞いたら「うん」と返事をした子どもさんを見て、本当にそう思っているんだなと安心したとのことです。

現在の入所施設の暮らしでは、子ども自身が自分のやりたいことや活動ができており、「やっと自分自身の人生を生きているんだな」と思えたそうです。足立さん自身も子どもが暮らしの場でそれぞれ生活するようになり、親として解放され、やっと自分の人生に向き合えるようになった気がすると言います。

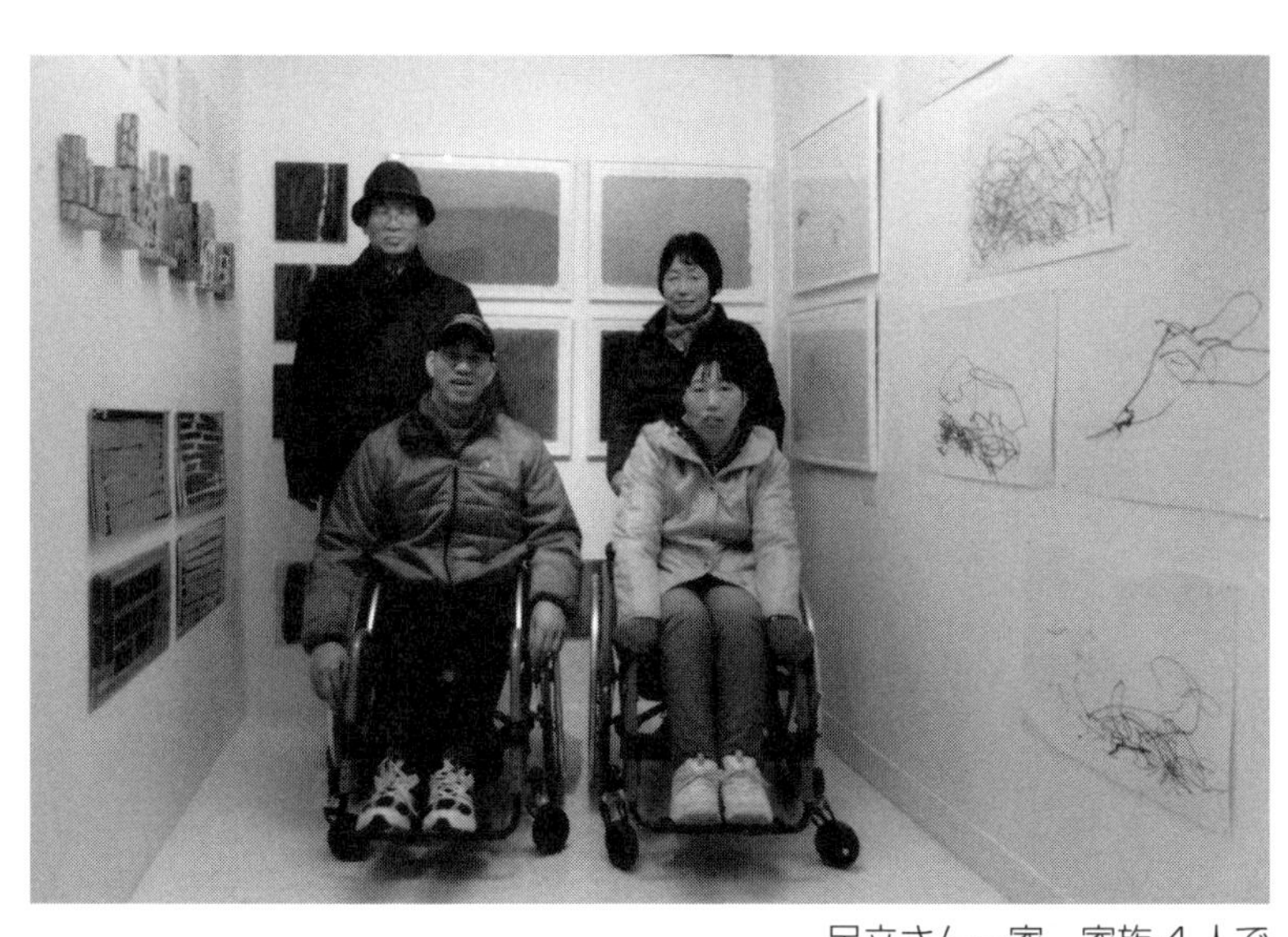

足立さん一家。家族４人で

今は、自分も夫も元気なので、年を重ねた時のことを具体的には考えていませんが、ほかの入所者の親で高齢になった方が帰省できなくなり、「自分もどうなるのかな」と気にかかることもあります。しかし、子どもたちは入所施設の中で人間関係を築いていっており、自分たちが会えなくなった後のことは、入所施設に任せようと考えています。

一緒に障害者運動をしてきた保護者ですでに亡くなっている人もいますが、その子どもさんが施設で親の死を乗り越え、日々変わらず自分らしく生きている様子を見ると安心できると言います。障害のある人たちが安心してずっと暮らせる場にするために、親として今できることを頑張れば良いのかなと思い、さまざまな活動をされています。

また、定年退職をした夫ともゆっくりした時間をもてるようになりました。そのなかで、子育てを振り返り、「子どもたちのこういうところは良かった」と話したり、「ここに旅行に行きたいな」と語り合ったりしています。昨年、子どもの誕生以来、45年ぶりに時間を気にすることなく夫婦で旅行を楽しまれたということです。

＊

足立さんのお話からは、子どもさんたちは施設づくりの過程に関わるなかで、自立のイメージをもち安心して成人期の居場所を得ており、そのような子どもたちの様子を見ることで、それまでケア中心の生活を送ってきた親としての役割を変え、夫婦の時間や自分自身の人生を見直しておられる様子が伝わってきました。

プロローグで障害者の親には中年期（英語ではempty nest期と表され、子どもが巣立ち親だけが残された時期）は訪れていないと書きましたが、足立さんの場合、少し遅い時期ではありますが、それを実現するとりくみがなされていることが確認できました。しかしながら、自分の子どもの入所が決まっても、同じように運動してきた仲間たちの中で入所できなかった人の方が多いので、手放しには喜べなかったとのことです。

暮らしの場が十分に整備され、移行後の関わりも保障されるなかで、障害者家族にも「当たり前」のライフサイクルが実現することが望まれます。

3 家族から社会へケアの移行を考える③

きょうだいの視点から

ここでは、親の高齢化問題についてもう一人の登場人物であるきょうだいの立場から考えてみたいと思います。障害のある人のきょうだいという立場について、『みんなのねがい』でもたびたび特集が組まれたり、全国各地にきょうだいの会が存在したりというなかで、進学や就職、結婚、そして親亡き後の問題に至るさまざまな悩みが交流されています。

親の高齢期にきょうだいがどのような課題に直面し、何を思っているのかについて考えていきたいと思います。

親は当てにしたくないが親族は当てにしたい!?

少し古いデータになりますが（これ以降、本項目に関する公式な調査結果は公表されていない）、厚生労働省が２０００年に実施した「知的障害者（児）基礎調査」における将来の生活の場の希望の結果を回答者別に見ると、「本人」や「父母」が回答した場合には、「親と」、「グループホーム」の順に多くなっています。これは、対象者が子どもの場合も含まれていることも影響しているかと思いますが、本人や親が回答する場合には親以外と一緒に暮らすことが想定されていないことがうかがえます。

一方で、「父母」が回答困難な状況にある場合には、「兄弟姉妹」という割合が非常に高くなっていることが特徴的です。「兄弟姉妹」という項目の数値の裏側には、親としてはきょうだいには自分の人生を歩んでほしいので同居は期待しない（したくない？）が、父母以外の親族からは、ケアラー役割の引継ぎ者として期待されている様子がうかがえます。

10年を超えるダブル・ケア期間

きょうだいに関しては、「親亡き後」問題と絡めて考えられることが多いですが、実はその手前に高齢期の親と障害のあるきょうだいの長いダブル・ケア期間（場合によってはトリプル以上も）が存在します。

「はじめに」でも述べたような男女共に10年前後の要ケア期間は、きょうだいの立場から見ると、老いていく親ときょうだいのダブル・ケアをしながら、ケアラー役割を親から引継いでいく期間となるのです。現在では、出産年齢の高齢化もあり、自分の子育てと親の介護が重なる人も多く、介護離職などさまざまな生活問題が報じられていますが、それに加え、障害のあるきょうだいのケアについても向き合わなければならないのです。

きょうだいもまたケアの引継ぎに悩む

そしてきょうだいがさらに年を重ねると、場合によっては、ケアラー役割を自分から誰に引継ぐのか悩む場面も出てきます。当たり前のことですが、年の近いきょうだいが、障害のあるきょうだいのケアを最後までできるとは限りません。

ゆたか福祉会の調査でも、家族による回答のうち1割強がきょうだいによって回答されており、第1ケアラーがきょうだいに移っていることが推察できます。なかには非常に熱心に関わっておられる方もいましたが、「今まで親と生活していた本人（障害のあるきょうだい）を任され数年ですが…悩みながら生活しています。主人と喧嘩になるのは本人のことばかりです」と日々の生活のなかで障害のあるきょうだいと配偶者の間で板挟みとなり悩む様子や、「私たちも年齢的に健康面での心配が出てきて、いつまで兄の支援ができるのか」と自分の老いと向き合いながら不安を抱いている様子もうかがえました。

そして、「私が妹より先に亡くなったときにどうなるのだろうというのが心配です。私がずっと自由ではなかったので、何をするにも妹のことを考えて行動しなければならなかった。私の子どもたちには迷惑をかけたくない（子どもたちそれぞれの生活があるため）と思います」というように自分のケアラー役割を自分の子ども（障害者から見たら甥姪）に引継ぐことにためらいを感じるということも複数の方が書かれていました。

きょうだいにとっての親の高齢期

老いが気になる親のケアと親からのケアラー役割の引継ぎという課題にまさに直面されているきょうだいにお話を聴くことができました。

＊

梅田さんは、現在40代半ばで、大学卒業後、ずっと同じ職場で福祉職として働いています。自分の家から車で1時間くらいの実家には、70歳を超えた両親と知的障害のある妹が一緒に暮らしており、ほかに別居している弟もいます。最近、妹のケアのキーパーソンだった母親には老化による物忘れなどの症状が出てきており、妹のケアや生きがいだった地域のサークル活動などに出かけるのもむずかしくなっています。今は、母に代わり、父親が第1ケアラーとして妹の身の回りのケアや行政の手続き、通院などのケアをしています。

大学進学を機に梅田さんが実家を離れて以降、妹にはてんかんによる発作が生じるようになりました。梅田さんはそれを直接見たことがないのですが、家の壁が壊れているのなどを見ると対応が大変なのかなと思っています。受診の時間帯などにもこだわりがある妹さんのため、月に2回の通院日には父親は夜明け前に家を出て順番待ちをしているそうです。最近、父親に病気が見つかり、入院・手術が必要な状況になり、受診に付き添った際に、「2週間以上の入院は無理です」と医師に伝えているのを疑問に思い、尋ねたことで、初めてそのようなことをしていることを知りました。

梅田さんは、現在、仕事の経験を重ねるなかで重要な役割を任されるようになり、家庭では学齢期の３人の子どもの父親であり、フルタイムの仕事をする妻ともども、あわただしい毎日を送っておられます。実家の様子については、母親のこと、妹のこと、そのケアを全面的に担っている父親のことなどとても気になるけど、「どうしているの？」と事実を聞けば聞くほど、自分の仕事や子育てとの両立のむずかしさを実感してしまうとのことです。そういう現状を「忘れてはいないけど、目を背けてしまう」と表現されました。

両親には幼い頃からとても大切に育ててもらったという思いをもっています。幼い頃の記憶で、妹が自分と同じ小学校に入学する時に、父親から「どう思う？」と聞かれ、「別にいいよ」と答えたことがあります。障害のある妹のことを気にかけて自分の選択が変わったと思うことはこれまでもなく、今も父親は全面的にケアを引き受けることで自分や弟に心配をかけないようにしてくれていることを感じます。しかし、父親の病気や手術をきっかけに、実家のことにきちんと向き合わなければならない時期が間近に迫っていることを感じています。父親とも弟とも具体的な課題について、きちんと話したことはなく、なんとなくあいまいなままにしてきたそうです。

グループホームなど妹に合う暮らしの場はあるのか、父親が担ってきたようなきめ細かいケアを行うのであれば、今の仕事と両立できるのか、また、これから教育費がかさむ子どもたちのこともありどうしようかなど、考え始めると次々に不安が生じてくるそうです。しかし、それらの不安は漠然と頭の中にはあるものの、これまで具体的に口にしたことはなく、妻ともあまり話したことはないそうです。

自分として生きる・きょうだいとして生きる

梅田さんのお話を聞くなかで、きょうだいたちが自分の人生を安心して生きていけることと、きょうだいという当事者としての立場で思いを口にできる場が必要であると思いました。

以前、フィンランドに行った際、障害児の週末里親の制度について聞きました。主な利用者として、親の育児疲れや行動障害などにより家でのケアが困難な子どものほかに、きょうだいのいる障害児と聞きました。平日はどうしても障害のある子どものケアで手一杯になってしまい寂しい思いをしがちになるきょうだいに、週末は親を独占できる機会を保障するということです。そうすることで、きょうだいも自分が愛されていることを実感し、そして障害のあるきょうだいのことを尊重できる関係を築けるようになるとのことでした。

以前、日本できょうだい会の学習会に参加したことがあります。学習会での深い議論はもちろんのこと、懇親会の場でのいろんなやりとりにも大いに学ばせていただきました。そこに集ったきょうだいの方たちは、年齢はさまざまだったのですが、進路や結婚、親の問題などについてオープンに話をされており、長い付き合いのなかで信頼関係が築かれていることがうかがえました。

きょうだいという立場で安心して自分を出せる場があることは、自分が何に悩んでいるのか、そのことにどうしたいのかということを考えるうえで、非常に重要な場だと思いました。何より、年齢も仕事も異なるみんなが、深くつながっている場の居心地の良いこと！ お酒がまったく飲めない私ですが、いい感じに酔うことができました。

きょうだいの立場でさまざまな発信をされている沖侑香里さんは、「誰もが生きやすい社会になることを願って」というくだりの中で、こう書かれています[1]。

「…時には自分自身の境遇が嫌になることもありました。でも、妹の存在に励まされたこともたくさんあり、やはり何より可愛い存在であったことは確かです。

…「きょうだい」がおかれやすい環境や持ち帰る感情が周囲の人にもっと知られていたら…同じ立場の人と出会う機会が早いうちからあったら…家庭内でのケア負担がもう少し軽減されていたら…おそらく必要以上に悩まなくて済んだかもしれません。障害のある妹が悪いわけではありません。また親も精一杯、妹の介護やケアを全うしてきました。ただ家族にはそれぞれの人生があります。みんなが自分らしく思うままに生きられる社会になったら嬉しいです」

当たり前ですが、誰ときょうだいになるのかということは選択はできません。偶然に障害のある人のきょうだいとして産まれたことで、負担の面ばかりが強調される人生というのもきょうだいの思いとはちがうのかもしれません。きょうだいたちが、自分として、またきょうだいとして安心して歩んでいける社会の仕組みづくりが求められています。

1）沖侑香里（2020）「障がいのある妹と私――「きょうだい」としてかんじてきたこと」澁谷智子編『ヤングケアラー　わたしの語り―子どもや若者が経験した家族のケア・介護』生活書院

4

家族から社会へケアの移行を考える④
障害当事者の視点から

ここでは、本人にとって暮らしの場の移行が、どのように経験されているのかを考えていきたいと思います。

本人にとっての暮らしの場の移行のイメージ

最初に、本人が暮らしの場の移行のタイミングをどのように考えているのか、ゆたか福祉会で行なった調査から考えていきたいと思います。家族があとどれくらい同居できると考えているのかということと、本人がいつ家族と離れて自立したいと思っているかを重ね合わせてみました。親が「すでに難しい」場合は本人も「今すぐ家族と離れて暮らしたい」、親が「あと1～2年くらい」の場合は、本人も「あと1～2年以内に自立したい」というように、親の限界と本人の自立の希望（あるいは本人が感じる家族との同居の限界）はほぼ一致していることがわかりました。一方で、家族と離れるイメージがない人も多く、「家族と離れて暮らしたくない」あるいは「わからない」がそれぞれ3分の1を占めていました。

現在、家族と一緒に暮らしている人に、将来、どこで、誰と暮らしたいかということとその理由を尋ねると、『家族（きょうだい等）や親族』と答えた人は、「家族と一緒が良い」「弟、妹が安心するから」や、「今住んでいるところに知り合いがたくさんいる」「これまでの生活がしたいから」という回答が寄せられました。『一人暮らし・友人との同居』と回答した人は、「24時間あれこれ言われたくない」や「自由に生活がしたいから」と、『夫婦で』と回答した人は「好きな人と結婚して生活がしたい」と、『グループホーム』と回答した人は、「ホームが良い」や「妹の負担になりたくない」「親はいずれ施設に入るので」ということでした。また、『入所施設』と回答した人は、「友だちがいっぱいいるし、生活全般見てくれるので、そういうところの方が安心できる」や「今、ショートステイで使っている施設に友だちがいるから」ということでした。

このことから、障害者本人は、暮らしの場の移行を考える際に、これまでの生活の継続性や友人などの関係性を大事にしたいと考えていることがわかりました。

暮らしの場の移行後の家族との関係

次に、実際に暮らしの場を移行させた後の、家族との関係について考えていきたいと思います。グループホームや入所施設で暮らしている人と家族との面会の頻度とそれについての障害者本人の意見をみてみると、帰省や面会で毎週家族と会っている人は多くが「ちょうど良い」と考えていて、月に1、2回になると「もっと会いたい」と思っているけど、さらに間隔があいて年に数回になると「ちょうど良い」と考えている人が多いことがわかりました。これは時間の経過と比例していると思われ、移行後間もない人たちは、週末の余暇はこれまで通り家族と過ごしており、その間隔があくようになると寂しさを感じ、その後、グループホームや入所施設の生活が安定し、親子それぞれの生活リズムができてくるなかで、たまに様子を確認しあう距離感がちょうどよいと感じるようになるのかもしれません。

移行後の家族との関係については、『良くなった』と回答した人が相対的に多く、「久しぶりに会うとよく話す。一緒に住んでいるときはあまり話さなかった」「妹にとっても（自分が）ホームに入れたことで安心になったと思う」という声が寄せられ、『悪くなった』という意見は少数でしたが、「きょうだいが結婚してから冷たくなった」という意見が寄せられていました。

また、「グループホームに入り、会う機会が少なくなり、お母さんが年を取ったなぁと感じるようになった」や「お母さんが亡くなった後、きょうだいの関係が悪くなり、仲良くしているかなと心配している」と、離れて暮らす家族を心配する声も寄せられました。

高齢化する親の介護・看取りと自分の生活

実際に、親の高齢化に伴う問題に向き合い、暮らしの移行を経験した障害当事者から話を聞くことができました。

京都の北部、よさのうみ福祉会のグループホームで生活するえみ子さん（仮名）は数年前に母親を看取り、その後しばらくはきょうだいと暮らしていましたが、今はグループホームで暮らしています。母は亡くなる前、10年以上認知症の症状が出て、歩くのも不安定で食事やトイレ、お風呂など生活のあらゆる場面で見守りが必要でした。えみ子さんは、毎晩母のとなりで寝て、トイレや見守りなどいろんな介助を担いました。母の症状が進行するのを見るのはつらかったけど、最後まで自分の名前を呼んでくれたことがうれしかったとのことです。

母は、小さい頃から自分の話をとてもよく聞いてくれて、父が元気だった時は週末には家族でいろいろ外出もして、「とても優しいお父さん、お母さん」でした。認知症を発症してからも「（周りの人に）何か言われた？」とえみ子さんのことを心配してくれて、悩みなどを相談していました。最後まで母の面倒をみることができて、ホッとしたということで、天国のお母さんに「私も頑張っているよ」と伝えたいということでした。

「えみ子さんにとって自立とはどういうことですか？」と尋ねると、「…誰かに支えてもらわないといけない時もあるけど、頑張って自分でできるようになっていく」ことだと答えてくれました。障害がゆえに日常生活でさまざまな支援を必要とするえみ子さんですが、母の介護と看取りをやりきったという満足感と自信を感じているようでした。

*

しげゆきさん（仮名）は、10年ほど前からグループホームで暮らしています。母は80歳を過ぎて高齢者施設で暮らしています。現在、グループホームには7人の同居者がいますが、みんなで食事をした後はそれぞれの部屋でテレビを見るなど、「みんなの時間と自分の時間の両方を過ごせるのでよい」とのことでした。グループホームでは、世話人さんが作った食事を食べ、洗濯などは自分でするというように、母が亡くなったとしても、「自分は今の生活をする」と言われていました。

家族で暮らしていた時は、家族の中で金銭的な問題もありましたが、今は、自分のお金は社会福祉協議会の日常生活自立支援事業を使って管理しているとのことでした。通帳と印鑑は社協に預かってもらっており、ほしいものがある時は自分で値段を調べて必要な額を出金してもらいます。計画的にお金が使えていて、家にいた時のようなお金の心配がなく安心とのことでした。

しげゆきさんは、最近、高齢者施設にいる母に会いに行くために電動自転車を買ったそうです。母は会うといつも、なかなか会いに来ない弟のことを心配しているとのことでした。この前は、作業所旅行のお土産を渡したらとても喜んでいたとのことです。「お母さんには元気で長生きしてほしい」と言われていました。

ケアされる側からケアする側へ

福祉現場で見聞きさせていただいた当事者の声からは、本人たちが老いていく親を心配し、支える姿が垣間見えました。それは障害のあるなしに関わらず、当たり前の姿なのだと思います。親たちが老いていくなかで、障害のある人もケアされる側からケアする側へと役割を変えています。ライフサイクルのなかで不可避的なできごとである親を看取るということの喪失感はとても大きいからこそ、住み慣れた地域で、あるいは見知った仲間や職員との関係のなかで自分の暮らしを築くという日常生活の安定感は欠かせない要素なのかもしれません。

一方で、ゆたか福祉会の調査では、現在も家族と一緒に暮らしている人からは、親が亡くなった後に「ご飯を誰が作ってくれるのか」「お小遣いは誰がくれるのか」「自分はどこで暮らすのか」などを心配する声が寄せられました。親が第1ケアラーとして日常生活を支えている障害当事者にとって、親がケアできなくなった後の自分の生活の見通しがもてないということは、親の看取りというダメージをより一層大きなものにするのかもしれません。

親を看取る権利の確立を

現在の福祉制度の条件のなかで、すべての障害当事者がえみ子さんやしげゆきさんのような形で暮らしの場の移行や親の高齢化に向き合えるとは限りません。まずは、暮らしの場を移行するためのグループホームや入所施設などの社会資源が足りません。ゆたか福祉会の本人の声を読んでいて、私自身、これまで暮らしの場の移行について、住み慣れた家から別のところへ移ることを前提として考えていたのですが、当事者の中には「この団地に住みたい」や「近所の人との関係を切りたくない」など、自宅での暮らしの継続を希望している人もいるということに気がつきました。そういう選択肢を支える制度も不十分です。

そして、暮らしの場を移行した後に、家族の交流を保障するための制度もありません。現行制度では、多くの地域では入所施設を利用しているとガイドヘルパーを使えず、一方、高齢者の福祉サービスには余暇を支援するという考え方にもとづく外出援助はありません。つまり、子どもは障害者施設、親は高齢者施設を利用した場合に、親子の交流のための制度的な支えはないのです。障害者のケアの第一義的責任を家族に押し付けてきたのは社会なのに、いざケアできなくなると会うことすらできなくなるとはあまりにも酷なことです。

どんなに障害が重くても、老いていく親を気遣い、看取る権利があるはずで、そのことを社会がきちんと保障すべきです。

5
家族から社会へケアの移行を考える⑤
専門職の視点から

　ここまでのところで、ケアの移行について、親、きょうだい、本人の立場から考えてきましたが、最後にケアを受け継ぐ側の専門職の立場から考えたいと思います。

専門職がみずからの支援に自信がもてない

　ゆたか福祉会の調査によると、支援への満足度（当事者・家族には「満足しているか」と、職員には「支援に納得しているか」と尋ねました）については、当事者・家族・職員の順に低くなっていきました。つまり、当事者・家族が満足と感じているほどは、職員は自分の支援に納得できていないということです。

　このような結果になった背景として、ゆたか福祉会に限らず、一般的に福祉現場をとりまく状況から二つのことが考えられます。一つには、職員側の要因として、業務が多忙だったり、非正規化が進んでいたりして、十分に支援を振り返る機会がないなかで、自分の支援に確信がもてないということが考えられます。

もう一つは、家族側の要因です。障害者(児)を守る全大阪連絡協議会・きょうされん大阪支部が実施した調査[1]では、暮らしの場の量的な不足や、適切な支援がないこと、支援内容についても不十分なことにより、「社会的支援のあきらめや絶望感」に至ることが指摘されています。そのような状況のなかで、何とか福祉サービスにつながっていることで、これで満足するしかないという妥協も含めて満足度が高く出ているのではないかということが指摘されています。

家族支援の多くが職員のボランタリーにかかっている

福祉現場で職員から話をうかがうたびに、率直に「本当にていねいな支援をされている」ということや「とことん寄り添う」姿に頭が下がる思いになります。

これまで家族の高齢化に際して行なった支援について聞かせていただいたことは多くありました。たとえば、当事者の暮らしの場の移行後、帰省の際、親子の週末の食材とあわせて自宅で生活する高齢の親の1週間分の買い物をしているということや、すでにグループホームで生活している当事者の親の引っ越しを職員総出で手伝ったということや、親が亡くなった際に当事者が喪主となったので葬儀の一切を本人のサポートをしながら職員が取り仕切ったことや、親が法人宛の遺言書を残して亡くなり、それに従い菩提寺に本人を連れて納骨に行ったという話などを聞きました。

しかしながら、これらの多くは職員の勤務外の時間帯、あるいはそれに関わる職員を出すために現場にしわ寄せが生じるなど、職員のボランタリーに依存していることも否めません。

職員は、当事者の衣服の乱れなどケアが適切にされていないとか、これまで熱心だった親御さんが行事に参加しなくなったことなどをきっかけに、親の異変に最初に気づき、その後、関係機関につないで当事者と親を含めた家族全体の支援の調整に入るなど、親のケアのキーパーソンとして、多くの時間とエネルギーを割いています。

親からケアを引き継ぐ実践

第Ⅱ章－2で親の立場から見た時に、自分がこれまで行なってきたケアがどのように引き継がれるのか、見通しがもてない状況にあると書きましたが、ここでは専門職の立場からみた親からケアを引き継ぐ経験を紹介したいと思います。

ゆたか福祉会の職員、鳥田広佑さんは、現在80歳代前半の林さんの支援に関わって、実践記録を書いています。[2)] 林さんは、40歳頃までどこにも通うことなく終日在宅で過ごし、その後ゆたか福祉会の中で働き、暮らしの場を築きながら、法人の歴史と共に歩まれた方です。レポートでは、1980年代の作業所でのエピソードとして、雨が降るというニュースを見た林さんが、洗濯物を心配して職員に電話をかけ、取り込むようをお願いしたが、職員が忘れてしまい、かんかんに怒ってしまったということや、１９９０年代にグループホームの朝食を林さんが作ろうとした際、人数分の玉子がなかったので目玉焼きから玉子焼きに変更したということが、口ぶりや態度も含め、まるで鳥田さんがその場にいたかのように書かれています。

その後、林さんは、加齢の進行とともに入退院を繰り返すようになるのですが、病院からグループホームに戻ってくることを本当に林さんが望んでいるのかということを確認するために、一時退院をしてもらって本人の様子を仲間や職員で確認するということを重ねます。また、職員集団としてどこまで支えることができるのかということを模索するために、他職種との話し合いや制度の活用などさまざまな工夫をしていきます。今は、高齢者施設で暮らす林さんに利用者と一緒に会いに行ったりと、まさに家族のような関わりをもっています。

鳥田さんは、この実践を２０１８年のきょうされん大会で報告されたのですが、その際には、林さんが作業所に通うようになってからの折々の手記や、家族からのノート、そして父親や母親の葬儀で配られた会葬御礼のハガキなどが資料として使われていました。これまで林さんに関わってきた職員が、生き生きとしたエピソードを実践記録として残し、さらにはこのような資料類がきちんと残されていることも、鳥田さんが林さんへの理解を深める際に有効な手がかりとなったことはまちがいありません。きょうされん大会で、鳥田さんが「(本レポートをまとめることで）昔の林さんに会えたような気がします」と言われたのがとても印象的でした。

鳥田さん自身は、30代前半で、林さんと関わってまだ10年も経たないとのこと。一人の当事者の人生を家族と職員がつぎつぎにバトンを渡しながら、思いも含めて受け継がれていることが伝わってくる実践報告でした。

家族を支える職員の思い

大阪のさつき福祉会で、長年、家族と関わってこられた西澤さんに、家族支援のあり方についてお話をうかがいました。

西澤さんはこれまで家族との日常的な関わりのなかで、親が支援者を信頼できるような関係をつくることを大事にされてきたとのことです。そのための手がかりとして、家族と本人のこれまでの生活史のなかで、多くのエピソードを知ることが重要で、それらのエピソードが家族と話す時の話の糸口になったり、親の思いを知るヒントになるそうです。また家族会にていねいに関わるなかで、家族同士の人間関係をよく知っておくことも、緊急時に家族同士のつながりを生かして支援をすることに役立ったと言います。

たとえば、職員は知らなかった家族自身の不調も、親同士だと把握しており、そこから情報を得て他機関への支援につなげたことがあるそうです。また、ある母親が緊急入院した際に、ほかの仲間の母親が、仲間が帰る時間に家に様子を見に行き、それを入院中の母にも伝えてくれて安心した入院生活を送ることができたということもありました。職員には遠慮して言えないことも、親同士なら本音で話せることでわかり合えることもあります。

また、西澤さんは家族に関わる際には、自分自身の話をすることも心掛けているとのことです。自分自身の生活や子育てのしんどさなどを同じ親として共感してもらうことで、一生活者として付き合うということを大事に考えてきました。そのために、自宅を訪問する、一緒に喫茶店に行くなど、日常生活を共有することも大事な機会だと考えているそうです。

一方で、利用者を支えるということについては、高齢化の進行に伴う濃密なケアや終末期などを支える場合には、職員集団にも覚悟が必要だと言われます。発作のある仲間の母親が、子どもがグループホームに暮らすようになってからも寝る時に携帯電話を枕元に置いて、いつでも駆けつけられる態勢をとっているという話を聞いて、「これをいつまで親にさせるのか」と職員集団で議論をし、親に少しでも安心してもらおうと訪問看護をグループホームで利用する決定をしたそうです。

仲間と同じく家族も尊重しながら実践をされてきたのですが、今は家庭訪問を断られるケースが出てきたり、職員も業務が多忙になったりと、職員が家族にしっかりと向き合う条件がなくなってきていることを危惧されていました。

子育ての歴史も含め、ケアを受け継ぐ重要性

家族から社会へのケアの移行とは、単に時間的物理的にケアを外部化させるだけではなく、その歴史や思いも含めて受け継ぐことが大事なのだと思います。そのためには、障害者・家族

をとりまく社会的背景やそれぞれの時期にどのような子育てをしてきたのか、そして親自身はどのような人生を送ってきたのかということを理解することが重要です。

もちろん親と専門職の関わり方は同じではありませんし、親よりも専門職の方が知識や技術をもって関わることが重要な場面も多いと思います。そのようななかで、親が「自分の思いを引き継いでくれる人がいる」「自分の生き様を受容してくれる人がいる」という実感をどれだけ重ねることができるのかということが「安心して託せる」という実感につながるのだと思います。

専門職のボランタリーに依存しない制度的整備を

障害領域の支援の特性の一つとして、当事者・家族と長く関わるということがあります。現場で出会う仲間や家族と職員が、何十年も前のできごとをなつかしそうに話す姿は本当に微笑ましく、うらやましくも思います。

前述のように、勤務外であっても仲間や家族を支えようとする職員の姿は、そのような「出会った責任」によるものなのだと思います。元気だった頃からの親の思いがわかるから高齢になっても子どもと会わせてあげたい、無認可時代から一緒に障害者運動をしてきたから最後のお見送りをしてあげたいなど、家族にとって職員はまさに共に人生を歩むパートナーとして存在しています。そのようないわゆる仕事という範疇を超えた人と人との付き合いのようなことができるのが、対人援助の魅力でもあり、醍醐味でもあり、それによって家族も、そして職員自身も支えられているのだと思います。

しかし、現在の制度はそのような職員のボランタリーな思いに甘え過ぎて、現場は疲弊しています。誰もが高齢になっても当たり前の家族でいるために、安心して老いていくことができるために、家族支援をきちんと制度の中に組み込むことが求められています。そういう意味では、たとえば、介護保険制度においてヘルパーの業務などにできること・できないことを定め、制度的に関わりを制限していることは不毛だと思います。現行制度ではできないことに区分けされてしまっている「利用者以外の人が使っている部屋の掃除」や「話し相手」などを通して、本人や家族の小さな異変を把握し、適切な社会支援につなぐということは、直接的に関わる専門職だからこそできることです。専門職が、必要と思ったことを十分にできるような裁量をもち、家族に関わるためのゆとりを制度的に保障することが重要だと思います。

1）障害者（児）を守る全大阪連絡協議会・きょうされん大阪支部（2018）『「障害児者をもつ家族の暮らしの実態と健康調査」報告書』

2）鳥田広佑（2020）「ゆたか福祉会の歴史と共に生きた人生をたどる―職員の記録から」『障害者問題研究』第48巻第2号

6 親を看取る

第Ⅱ章の締めくくりとして、親の最期について考えていきたいと思います。第1ケアラーとして一生懸命生きてきた親たちはどのような最期を迎えているのか、親たちは最期に何を願うのか、そして、それを見送る人たちは何をどのように受け取るのかについて考えたいと思います。

けいこさんとのぶおさん親子

ゆたか福祉会の入所施設（ゆたか希望の家）で暮らすのぶおさん（仮名）の母で、数年前に亡くなられたけいこさん（仮名）の生きてきた歩みを振り返って、現在、高齢期を迎えている家族の最期を考えていきたいと思います。

けいこさんは、昭和1ケタ生まれで、20歳頃にのぶおさんを産みました。のぶおさんは、就学年齢になると地域の小学校に入学しましたが、多動などの行動が見られ、遠方の障害児学級のある小学校を紹介されました。小４の時に専門の療育施設に親子通園することを勧められたのですが、多動ののぶおさんを連れて公共交通機関で移動することがむずかしく、児童施設に入所されました。その後、のぶおさんが中学生になった頃、父親が亡くなり、20歳頃にゆたか希望の家に入所されました。

のぶおさんがゆたか希望の家に入所されたのと同時に、少しでも子どもと一緒にいたい、子どもが世話になる施設の役に立ちたいという思いで、けいこさんも調理の仕事に入られることになりました。その当時の記録を読むと、のぶおさんも施設内に母の姿を認めると、とても穏やかに過ごすことができた様子がうかがえます。しかし、5年ほど働いた時点で、けいこさんは体調不良を理由に調理の仕事を辞めざるをえませんでした。のぶおさんは、施設内で母と会えなくなったさみしさから多少荒れてしまった時期もあるようですが、安心できる職員を心の支えに施設内で自分の暮らしを築いていかれます。けいこさんは、職員が行動障害もあるのぶおさんに対してどんな場面でも根気強く対応する様子に、この施設は自分の息子を受けいれてくれるという実感をもち、法人に対する信頼を寄せていかれたようです。

その後、けいこさんは家族会などの行事に欠かさず出席して、施設に来た際にはのぶおさんの洋服の入れ替えなどをこまめにされていたそうです。職員に支援などについて特に要望を出されることはなく、いつも「お任せします」ということでした。職員が家を訪ねた際には、亡くなった夫の遺影を指さして、思い出話をされていた様子が印象的で、「とても夫への愛を感じた」とのことでした。のぶおさんも母が施設に来るととても喜び、施設行事で一緒に過ごした日の日誌には、「普段は周りが気になって食が進まないけど、母の隣に座って完食できた。午後の取り組みでも、途中、母に笑みを向けたり、涙を流すなどのぶおさんなりに親子の時間を楽しんでいる様子だった」と記録されていました。

施設に遺言を残す

けいこさんが80歳を過ぎたある家族会の後、当時の所長に「相談したいことがある」と呼びとめたそうです。手には、自分に万が一のことがあった時はすべてを法人に託したいという旨の文書を準備されていて、家の鍵も預かってほしいと言われたそうです。所長は、自分では成年後見人にはなれない旨を伝え、知り合いの弁護士事務所を一緒に訪問し、その後、公証人役場で遺言を作成するのにも立ち会いました。遺言にはけいこさんに何かあった時には、後のことのすべてを法人に任せたい、自分の財産は法人に寄付したい、自分と子どもは自分が準備したお墓に一緒に入れてほしいと書かれていました。施設の記念誌に寄せられたメッセージは、「のぶおが終生希望の家で、仲間と仲良く暮らせるように指導くださいますようお願いします」という言葉で締めくくられていました。

その後、けいこさんから骨折で入院したとの連絡があり、担当職員がお見舞いに行くと、実際は内臓の深刻な病状であることがわかりました。退院後は家族会に出席するだけの体力がなく、職員がのぶおさんをつれて母と家の近所で外食を楽しんだそうです。それからまたしばらくして、親類の方からけいこさんが自宅で倒れて入院したという電話がありました。のぶおさんを連れてお見舞いに行くと、「今週末が峠」だと言われ、その3日後、けいこさんは亡くなられました。

親戚より、亡くなった後のことは施設にお任せすると言われました。遺体は火葬場に直葬され、施設長と家族会の代表が立ち会い、見送りました。その後、骨を施設に持って帰りしばらくは事務所で保管していましたが、家族会の方が自分のお寺に頼んで預かってもらうよう手配をされました。成年後見人による遺産の整理などが終わった約1年後にけいこさんが生前買っていた県外のお墓に施設長と家族会の代表者で納骨しました。

けいこさんが亡くなった部屋からは「いつかあの世で我が子と再会した折には、今までの子不幸を償いつつ仲良く旅を続けたいと思います。どうかその日が来るまで、のぶおをくれぐれもよろしくお願いします…のぶおの万一のときは葬儀はできませんが、仲間の皆さんのお気持ちでお別れ会でも行っていただければ、のぶおも良い思い出をもって私のところへ来てくれるような気がいたします」という施設長宛の手紙が出てきました。

そして、部屋の様子から「とても質素な暮らしぶりだった」ことがうかがえるけいこさんは、そんなに多くはない年金からのぶおさんのためを思って貯めていたお金の一部を、法人に寄付として託されていました。

のぶおさんは、けいこさんの最後の入院や亡くなった際には職員と一緒に行き、現在も大きく調子を崩すことなく施設での生活を続けておられるそうです。

高齢期の親の社会的孤立と見守り

昭和1ケタ生まれで障害のある子どもを女手一つで育ててきたけいこさん。最後の手紙を部屋で一人、どのような思いで書かれたのでしょうか。

親戚や地域の付き合いもほとんどすることなく、子どもに会うことだけを楽しみに、自分のためにお金や時間を使うことはほとんどなかった生活でした。自分の最期を託す親戚もいません。けいこさんが子育てをしてきた時代は、就学猶予・免除などもあり、障害者を受けいれる社会資源も限られていました。行動障害のある息子の行く末を常に気にしながらの人生で、最後は息子と二人で入るお墓を準備されました。施設に対しても要望などは出されることなく、「すべてお任せします」と言い、最後に自身の体調が悪くなったときにも心配をかけまいと骨折での入院と伝える心配りをされた方でした。時代的にも女性であること、シングルマザーであること、障害のある子どもがいること、いくつもの生きづらさが重なった人生だったのではないかと思います。

ある意味、親戚や地域からは孤立していたともいえるけいこさんですが、今回、私はこの親子の人生に関わった3人の方からお話を聴きました。

のぶおさんがゆたか希望の家に入所し、けいこさんが調理の仕事に携わった当時の所長をされていた鈴木峯保さん、万が一の時についての相談を受け、遺言書の作成にも立ち会った前所長の伊藤浩さん、最期を見送った現所長の倉地伸顕さんです。3人それぞれが、けいこさん、のぶおさんとのさまざまな思い出を語り、いわゆる業務の範囲を超えた深い関わりをされています。そして、それぞれがけいこさんののぶおさんに対する思いや自分の行く末についての話をもちかけられているのですが、いざその時に自分がやれるかどうかはわからないけれど、きちんと引き継ぐから安心してほしいというメッセージを伝えられています。倉地さんは、10歳ほど年上ののぶおさんを順番でいけば、自分が見送るだろうから、その時が来たらけいこさんとの約束通り、のぶおさんをけいこさんの隣に眠らせてあげたいと言います。

家族ではないけど、家族以上の存在としてともに歩む職員の姿、そして思い出も含めて引き継いでくれる人がいるという安心感は、子どもを残して逝く親にとっては絶対的に不可欠なものだと感じました。

親を見送るとりくみ

親の思いを引き継ぐとりくみについて、鹿児島の麦の芽福祉会でエンディングのとりくみに関わってきた職員の川瀬加代子さんと家族連合会会長の中野喜代子さんからお話を聞きました。

麦の芽福祉会では、法人設立25年目の２００８年に家族から、自分たちが亡くなった後、誰が子どもを看取ってくれるのかという不安の声をうけて、エンディングセンターが設立されました。その後、エンディングのとりくみをするなかで、看取りやお葬式をやるだけというのとはちがうと考えられるようになり、エンドレスセンターへと名称変更されました。

現在、麦の芽福祉会では、法人としてのお見送りを希望される方には、「麦の芽葬」として、その方のこれまでの生きざまがわかるような冊子を作り、法人内の建物やグループホームに生活されている方であればそこで葬儀をします。冊子の表紙の下部には、「○○さんからの贈り物、それは○○さんを送る悲しみと○○さんを心に迎える幸せとそして終わりのない時間とどこまでも続くつながりと…」という言葉が入っています。個人は亡くなるけど、その方の思いを受け継ぐための機会と考えているそうです。これまで、仲間や親だけではなく、職員の親や、無断欠勤が続いて様子を見に行ったら一人家で亡くなっていた職員なども見送ってきました。

一緒に頑張ってきた親を見送る

昨年亡くなったのりこさんは、親としてはじめて法人内の施設で看取られた方です。のりこさんは、身体障害の息子が福祉ホームに入居した後は、夫と二人暮らしで、その夫を見送った後は、子どものそばで暮らしたいと法人内のサービス付高齢者住宅で暮らしていました。そのサービス付高齢者住宅は、「終（つい）までおつとめがあるホーム」として、最後まで役割をもってもらうことを大事に考えていました。のりこさんに病気が見つかり、いよいよ残りの命が少なくなってきた時にも、部屋から出るのがむずかしくなったのりこさんの部屋で、得意な料理を教えてもらう機会を設けました。その時本当にしんどそうだったのに、言葉のやりとりでもどかしくなったのりこさんがすくっと立ち上がり、直接、手を出しにいかれた姿が記憶に残っているそうです。「つわとタケノコの炒り煮。ゆっくりのんびり母ちゃん作業所」というのが、のりこさん自らつけた作業所の名前で、今でも週に1、2回裁縫好きなメンバーが集まり、服のお直しなどを良心的な値段で請け負っています。

中野さんは、のりこさんの姿を思い起こし「子どもさんのことを大事にされて、本当に立派だったと思う」と言います。また、職員の立場の川瀬さんは「親として一生懸命やって来られて、子どもさんのことは安心して法人に託してもらって、最後は一人の人として、安らかに過ごしてほしい」と言います。

親が安心して最期を迎えるために

誰しも自分がどのような最期を迎えるのかということは予測できませんし、あらかじめ準備することもむずかしいことです。終活ということが言われたりもしますが、元気な状況で思うことと、いざ最期が近づいてきた時に思うことが同じとは限りません。正直、私にとっても親の看取りは未経験ですし、自分自身に引き付けてといってもまだ実感が湧きません。

そういう状況ですが、今回の２つの法人のとりくみを取材し、どうしたら親が安心して最期を迎えられるかについて考えたことを書きます。

一つには、障害者を支える社会資源が整備されることです。麦の芽福祉会の家族の中野さんも、法人に対してはとても信頼を寄せているけれど、30年後の障害者福祉の状況には不安があるということを言われていました。この間、情勢もめまぐるしく変化しており、親にとって安心して子どもを残していける社会かというとそうではなく、むしろケアの家族責任が強まっている状況にあると思います。

もう一つは、親たちが親としての、あるいは一人の人間としての自分の思いを聴いてくれた人たちがいるという実感をもてるということです。ゆたか福祉会の歴代の施設長のいわゆる業務を超えた関わりや、麦の芽福祉会の「ゆっくりのんびり母ちゃん作業所」のとりくみを通して、自分の不安や生きざまを受けとめてくれた人がいるということは、最期の場面で「いろいろ大変なこともあったけど、悪くない人生だった」というように自分の人生を受容するためには重要なことだと思います。そして、自分がいなくなった後も子どもがそういう人に囲まれて生きていくのだろうという見通しは、子どもを残していくうえで大きな安心材料だと思います。

一方で、やはり気になるのは、そういうことを支えるのは、家族と長い時間を共有した職員のボランタリティだということです。誰しもが納得した形で最期を迎えるために、寄り添う職員に対する制度的な支えが必要です。

第Ⅲ章
周縁化された問題にも目を向けて

第Ⅲ章では、私自身を含めて、一般的に障害者問題を語る時に、忘れられがちな問題に目を向けていきたいと思います。具体的には、中山間地域、無年金障害者、成年後見制度などの問題です。社会資源や制度というのは、本来、私たちが願う生活を実現するための支えとなるものですが、これが十分でないために、社会資源や制度に規定される形で生活を送らざるを得ないという問題について考えていきたいと思います。

1 中山間地域における家族の高齢化問題

前章までのところで、家族から社会のケアの移行を考えてきましたが、ゆたか福祉会の調査結果も含め、私自身、それらは都市部での暮らしが念頭にあったと思います。ここでは、さまざまな面で生活環境も異なる中山間地域における家族の高齢化問題について考えてみたいと思います。

今回の舞台は、山陰の小京都とも言われる山口県萩市です。萩市は、歴史的な街並みと自然が共存するとてもきれいな町です。明治維新の立役者や政治家なども多く輩出した地域であり、訪れたことがある方も多いと思います。観光地を少し離れると、海側と山側のそれぞれの地域での日常生活が営まれています。

萩市は、平成の大合併で1市2町4村が合併して広域となり、車で縦断すると1時間ほどかかり、過疎の問題を抱えた地域も多くあります。福祉事業所の多くは旧萩市に集中しており、日常的に支援を利用するとなると、交通手段などの問題が生じる地域も多くあります。

萩市の障がい福祉計画[1)]を見てみると、２０１６年で18歳以上の身体障害者が２９６１人、知的障害者４６１人、精神障害者が５０７人、全体で支援程度区分3以上の方が２５５人います。それに対して、障害福祉サービスの利用状況は、生活介護１９５人、自立訓練（生活訓練）11人、就労系２２４人であり、特に居宅生活を支える行動援護は全体で年間のべ１２６時間、移動支援事業は年間のべ37件と必要な社会資源が行き届いていないことが推測できます。

萩市で生活している障害者や家族の生活の実際を教えてもらうために、親の会に参加する父母5名と地元の支援学校の教員1名に集まっていただき、座談会をお願いしました（実施は２０２０年3月）。

父と娘で支え合って暮らす

座談会とあわせてインタビューにもご協力いただいた萩市在住の柴田帝治さん（62歳）は、5年前に妻が急に亡くなられ、今は重症心身障害がある娘のかなえさん（32歳）とその姉の3人暮らしです。

以前は、かなえさんのケアは全面的に妻が担っていましたが、帝治さんも入浴介助や学校行事への参加など、できる限り一緒に子育てをしてきたとのことです。その妻が亡くなった時、かなえさんがグループホームや入所施設を利用するという選択肢はなく、自分が家でみるのが

とても仲の良い柴田さん親子

当たり前の選択だったと振り返ります。

今も現役でフルタイムのお仕事をされている帝治さん。出勤後と帰宅前にかなえさんが一人になる時間があるのでヘルパーを利用しています。また月に数回は土曜日も仕事があるので、金曜から土曜にかけてショートステイを利用しています。

数ヵ月前、誤嚥が続くことでかなえさんはPTEG（ピーテグ）（経皮経食道胃管挿入術…首もとから食道を通り、胃腸へと細長いチューブを通す手技）を装着する手術を受け、今はそこから食事をとっています。医療的ケアが加わったことで、これまで利用していた通所施設に併設されていたショートステイが利用できなくなりました。そこで、医療的ケアに対応してくれる病院に一時入院という形で利用をすることになったのですが、その送迎のために金曜日の午後は仕事を休まなければなりません。仕事に支障が出るのでヘルパーに介護タクシーを使って行ってもらうことになりましたが、その交通費が心配と帝治さんは話します。

かなえさんが幼少の頃は、療育を求めて高速道路を使って海を渡り、福岡県北九州市小倉まで2時間程度かけて通っていたそうです。現在も歯科受診のために4ヵ月に1回、小倉まで通っています。

最近、帝治さんの腰痛が悪化してきており、できる限り在宅でケアしたいという希望はあるけれど、そろそろ限界が近づいているかなという不安が時折よぎると言います。かなえさんの医療的ケアのこともあり、今後近くの施設に入所できるのか不安もあり、遠方の施設見学も予定されているということでした。

将来、帝治さん自身に介護が必要になったら施設入所を考えたいとのことです。妻が元気だった頃は家庭菜園を楽しんでいましたが、今はかなえさんも経口摂取が叶わないということで「誰も食べてくれないのでつくりがいがない」と帝治さん。かなえさんのことは、妻がＰＴＡの役員なども務めていた時代からの保護者仲間に相談したりするそうです。

お話を聞いている間、帝治さんは何度も「ねぇ、かなちゃん」とかなえさんに声をかけておられ、それに応えるようにかなえさんも目や顔を動かし、お二人の間に流れる愛情の深さが伝わってきました。

限られた社会資源のなかで高齢期を迎える

座談会では、社会資源の少ない中山間地域ならではの不安が語られました。

日中事業所に関しても選択肢が限られていて、近所に同一施設に通う利用者が複数名集まれば送迎は可能だが、そういう条件を整えることはむずかしいと言います。希望する通所先まで片道1時間半、往復3時間かかり、それを毎日親が送迎するのはむずかしく、断念したという話もありました。どこの事業所も定員がいっぱいで、なかには職員不足を理由に定員まで利用者を受け入れることがむずかしい施設もあり、これから高等部を卒業する子どもたちの行き場の確保にも不安があります。

また、周囲で外出支援のサービスを利用している人は知らないとみなさん口を揃えます。近隣の事業所では障害者に対応できるヘルパーが数人しかおらず、緊急度の高い人が定期利用をするとほかの人まで回らないとのことです。この地域の親の会などで休日に行事をするとなると、すべて子どもと一緒に参加するという形をとるほかはなく、将来に向けて家族や日中事業所以外の新たな関係性をつくっていきたいという希望はあるものの、それを叶えることがむずかしい現状があります。

ショートステイも定員が限られていて、常にいっぱいになっていることも多く、緊急時であっても利用できないこともあるそうです。なかには事業所から車で1時間以上かかる地域に家がある方もいて、そのような場合、施設からの送迎を利用することはできず、もし親自身が急病になった時に、どうやって子どもを送迎すればよいのか、非常に不安が募るとのことです。

さらに、病院などは山を越えて、山陽側の山口市や下関市まで通っておられる方もいます。親が高齢化するなかでいつまで通院ができるかもわかりません。

ロールモデルのない高齢期

座談会でお話を聞きながら、この地域で生活している障害のある家族にとっては、親子が離れる経験が絶対的に不足していると感じました。外出支援やショートステイなども利用できないということは、親以外と余暇を過ごすことや寝泊りをしたことがないということ、そのような状況で、親子が離れた生活を双方が想像するというのはむずかしいと思います。

今回、お話を聞かせていただいた方は親が50代から60代の方たちでしたが、周りにはもっと上の世代の親たちで、子どもを在宅でケアしている方も多く、暮らしの場など、いつになったら自分たちの番が回ってくるのか見通しがもてない状況です。

もし、暮らしの場を移行するとしても、その後、自分たち親も高齢化するなかで、どのようにして遠方の施設まで子どもに会いに行けるのかも不安が募ります。高齢になり、車の運転が困難になった時に、公共交通機関が不便で使えないということもあります。座談会の中で、通所施設やショートステイで、片道1時間はしんどいけれど、暮らしの場ならやむをえないのでは、という話もでました。また、実際に山を越えた山陽側の入所施設の見学を予定されている方もおられました。

自分自身が老いを迎えた時のことについても、いろいろな心配が頭をめぐります。周囲に迷惑をかけないように自分の家は取り壊す必要があるのではないか、エンディングノートの準備などもしているけど一向に進まないなどさまざまな意見が出ました。

生まれ育った地域で最後まで豊かに暮らす

萩は、歴史的な街並みと自然が共存し、海と山が近く、訪れるとどこか懐かしくホッとする町です。本当に豊かな環境だと思うのですが、いわゆる日本の多くの地域で直面している過疎化、さらには限界集落と呼ばれる問題にも直面しています。公共交通機関や商店、病院や福祉施設などの生活に必要な社会資源にアクセスすることがむずかしい地域も多くあります。また、福祉や医療の専門職養成機関も地元に少ない状況で、各事業所が専門職を確保するというのも容易ではありません。

萩で障害のある子どもを育てるということは、昔に比べると地域の理解も進み、発作などの緊急事態を経験したある方は、近所の人が気にかけて声をかけてくれるのが安心とも言われました。また、親の会の役員に障害のある子どものいない地元の方が名前を連ねています。障害者福祉に関わるさまざまな活動に地域の人たちが力を貸してくれるそうです。人々の理解は進んだけれど、生活する条件が整わない、むしろ後退しているという状況です。

生まれ育った地域でその人らしく最後まで豊かに暮らすということは、けっして贅沢なねがいではないはずです。海に囲まれ、山林が多くを占める日本において、同じような事情を抱えた地域は多くあると思います。まずは各地域で暮らす人々の生活の実際を明らかにし、都市部中心の制度のあり方を根本から見直すことが必要だと思われます。

1）「萩市の障がい福祉計画」https://www.city.hagi.lg.jp/uploaded/attachment/10482.pdf

2 無年金障害者の高齢期の生活問題

ここまでのところで述べてきた障害者の多くは、障害基礎年金を受給して暮らしている人々を念頭に置いたものでした。障害基礎年金の額が、最低生活費を下回るという問題については、別途考える必要がありますが、それでも定期的な収入があるという安心感は絶対的なものです。ここでは、定期的な収入が無いという一層厳しい生活状況にある無年金障害者の方々の生活問題を取り上げます。

国の瑕疵（かし）によって生み出された無年金障害者

無年金障害者とは、言葉通り、障害がありながら年金を受給できていない方々のことを指します。無年金になる理由としては、初診日要件として、成人に達する前、あるいは国民年金に加入している間に障害の原因となった病気やケガの初診日が確定できないケース、障害要件として障害の状況が障害基礎年金に定める基準にそぐわないことで年金が受給できないケース（最近では、Ⅰ型糖尿病の方々が訴訟を起こされました）、納付要件として国民年金の保険料に未納期間があり、国が定める納付期間に満たないケースなどがあります。

特に三つ目の納付要件については、１９９１年３月以前は、20歳以上の学生などは現在のように強制加入ではなく「任意加入」として保険料を納付するかどうかは本人の意思に任されていたのです。しかしながら、受傷して障害を負うとそれは自己責任として扱われ、無年金状態となっていました。

このような状況にあった当事者・関係者が１９８９年に「無年金障害者の会」を結成し、以後、さまざまな働きかけを行い、２００５年にようやく任意加入の時期に保険料を納付しておらず無年金状態となっていた方の救済策として、特別障害給付金制度（２０２０年度月額：１級５万２４５０円、２級４万１９６０円）が施行されました。しかし、その額は不十分な障害基礎年金（２０２０年度月額：１級８万１４２７円、２級６万５１４１円）をさらに下回るものであり、しかもこの給付金にも該当しない方々も多くいます。

また国は、２０１９年の消費税増税の際の低所得者対策として、増税分を財源に「年金生活者支援給付金」を創設しましたが、無年金状態となっている方々については、そもそも「年金生活者」ではないとしてこの制度の対象外となっています。つまり、制度の瑕疵によって何重にも阻害され、生活不安が政策的につくられている状況にあると言えるのです。

非常に不安定な無年金障害者の生活

私は、2020年7月から8月にかけて無年金障害者の会と共同で生活実態調査[1]にとりくみました。ここでは、その結果をもとに、高齢期の生活問題について考えていきたいと思います。

対象者の収入は総じて低く、月に10万円未満の方が60%を占めていました。月収10万円以上の場合、収入源の第1位は「自身の賃金・工賃」、第2位は「手当・年金・給付金等」であるのに対し、月収10万円未満の場合の第1位は「手当・年金・給付金等」、第2位は「家族からの援助・仕送り」でした。さらに全体的に「貯金・遺産等の取り崩し」も重要な収入源として挙げられていました。

全体的に低収入で、かつ家族の援助や貯金・遺産等の取り崩しのような安定しないものを主たる収入源とするということは、生活の不安定化のリスクにさらされることとなります。今回の調査でも2019年の消費税増税によって生活状況が悪化したという声や、新型コロナウイルス感染症が拡大するなかで感染の疑いがあっても検査代を捻出できずに、病院に行くのはあきらめるという声が寄せられました。このように情勢の変化や予定していない出費などに対応することがむずかしい状況にあります。

生活のあらゆる場面において社会的に排除されている

無年金障害者にみられるように低位で不安定な収入によって生活しなければならないということは、日常生活のさまざまな場面において、費用の支払いや物品の購入、社会活動への参加などができないということを経験することになります。

今回の調査では、税金や社会保険、家賃やローン、公共料金などは2割強の人が、その他生活用品の購入や社会活動への参加は3割程度の人が、支払えない、参加できないという結果になりました。月収との関係で見ると、税金や社会保険料が払えない経験は、10万円未満の場合で33・3％、10万円以上の場合で11・1％、会食や飲み会に参加できなかった経験は、10万円未満の場合45・5％、10万円以上の人で22・2％となっており、特に低所得層では、生活のあらゆる場面で社会的に排除されていることが明らかになりました。

時間の経過と共に暮らしぶりが傾いている

また、調査では「5年前と比べて現在の暮らしぶり」そして「現在と比べて5年後の暮らしぶり」がどうなっているのかということを尋ねました。

5年前と比べて、暮らしが「非常にしんどくなった」と回答したのは月収10万円未満で23・1％、10万円以上で11・1％、「少ししんどくなった」はどちらのグループも30％程度となっていました。

一方で、5年後の暮らしぶりについては、「大いに不安である」が60・9％、「少し不安である」が21・7％と大半の人が不安を感じていて、特に10万円未満のグループで「大いに不安である」が71・4％と相対的に高いことが特徴です。

このように時間の経過とともに暮らしぶりがしんどくなっている理由として、障害の重度化や加齢による心身の変化、そしてそれに伴う仕事の仕方の変化などが挙げられていました。それとあわせて家族の高齢化が大きな要因となります。障害者の低位な収入を補う手立てを家族からの支援に頼るなかで、家族の高齢化、あるいは親の死亡は経済的基盤を失うことにつながります。

さらに、事故などによる中途障害、特に「高次脳機能障害」の障害名が書かれた人の中には福祉サービスを利用できない人が多くいました。これは、福祉サービスを利用できるか否かの判断基準として医学モデルが採用されており、それと合致しないことで福祉サービスの利用に結びつかない人たちがいることを意味しています。つまり、福祉サービスが使えない部分は家族のケアに頼らざるを得ず、経済的側面とあわせて、より障害者の家族への依存を強めることとなります。

「私ができることはなんでもやる」という藤野さん

無年金障害者の会の会員でもある藤野和稔さん（37歳）の父、明さんは、無年金障害者となった子どものためには「私ができることはなんでもやる」ときっぱりと断言されます。和稔さんは、21歳の時、交通事故により高次脳機能障害を負いました。それ以前に失業期間があり、国民年金の免除申請をし、保険料の４分の３が免除を認められ、４分の１を納付しなければならなかったのですが、その納付期間が３ヵ月不足するということで無年金状態となったとのことです。[2)]

和稔さんは、事故後、現在まで入院生活が続いており、入院費や諸費用に毎月８万５千円かかるとのことです。自動車事故対策機構から約２万円の介護料が支払われているものの、不足分はすべて父、明さんが負担し続けています。さらに、母親は和稔さんの事故がきっかけでうつ病になり、精神科に入院されています。２年前には病院内の事故で寝たきり状態となり、障害基礎年金は受給できていますが、それでも諸費用の不足分が毎月４万円ほど生じます。

２人分で10万円を超える自己負担額を払い続けるのは大変で、毎月の支払い日が過ぎるとホッとするのですが、すぐに次の支払日が来てしまうと明さんは言います。「せめて和稔さんの年金が支給されていれば、ずいぶん負担感がちがうのに」と。周囲の人からは、自己負担分の軽減のために和稔さんを世帯分離してはどうか、というアドバイスを受けることもありますが、親やきょうだいもいるなかでそれはしたくない、自己負担を払い続けるので現在の病院から転院させないでほしいと伝えているとのことです。

藤野さんの取材時には姉も同席されていましたが、明さんは「きょうだいには迷惑をかけない。将来、息子に必要な費用は自分が退職するまでに貯めたい」と言われました。明さんは「最近は息子の姿を見ると不憫なのでお見舞いから足が遠ざかっている」と言います。和稔さんは今、お姉さんが月に1回、缶ジュース1ケースをお土産にお見舞いに来るのを楽しみに生活されているそうです。

藤野さんは、以前は行政や議員への働きかけ、マスメディアへの出演など、無年金状態の改善を訴えて積極的に活動されていました。しかし、現在は関心を寄せてくれる人も少なくなり、その火が消えそうなのがもどかしいと悔しそうに言われます。

成人後に障害者となった子どもを親として受容するのは、大きな葛藤があることと思います。それに加え、無年金であるということで経済的な負担、そして自分が支えられなくなった後の心配までしなければならないということは、親を追い詰め、場合によっては家族の関係さえも歪めてしまう要因ともなりえます。

個人責任にしない・家族に依存しない社会保障の仕組みを

現在、無年金状態にある障害者の一人ずつの経過をたどると、誰一人として個人の責任に帰することはできないと思います。そもそも生活保障の重要な手立てである年金を、社会保険制度とすることにも根本的な問題があると思います。2020年度の国民年金の保険料は月額1万6540円であり、貧困が深刻な広がりを見せるなか、少なくない保険料を払えず未納となり、その期間に受傷や発病することで無年金障害者は生まれ続けていることでしょう。

障害基礎年金や賃金など個人に属する収入がないこと、あるいは必要なケアを家族以外から受けることができないことなど、生活の支えを社会的に得られないことは、家族への依存度を高めます。そのことが今回の新型コロナ禍のような不測の事態が起きた時の対応能力を低めるというように、生活のリスクを高めることへとつながります。無年金障害者に発生している問題は私たちの暮らす社会全体の脆さを表していると考えることが重要です。

1）本調査の詳細は，無年金障害者の会・田中智子（2020）「無年金障害者における生活問題―生活実態調査を通じて」『障害者問題研究』第48巻3号参照．

2）藤野さんの障害状況や無年金となった経過等については，原静子「救済措置が取られない無年金障害者の立場から見える年金問題」『障害者問題研究』第48巻3号にくわしい．

3 成年後見制度の課題と限界

親亡き後、社会に委ねる方法の一つとして期待されているのが成年後見制度です。成年後見制度は、2000年の介護保険制度の施行の際、福祉サービスを利用するのに契約が必要になったため、認知症や知的障害などにより契約行為に困難がある人を支援する制度として創設されました。ここでは、成年後見制度が本当に親亡き後の安心につながるのかを考えたいと思います。

成年後見制度は大きく「財産管理」と「身上保護（監護）」という二つの役割があります。文字通り当事者の方の財産を管理することと、本人の意思を確認しながら本人に代わって福祉サービスの利用などの契約行為を行うことが定められています。

成年後見の支援の実際

大阪で障害のある人の成年後見制度のサポートを行なっているＮＰＯ法人成年後見共済会の矢追景子さんに、成年後見制度による支援の実際について、お話をうかがいました。

知的障害があるＡさんは、癌を患っており、それまで主にケアを担っていた母が認知症を発症した後に、利用していた作業所が後見人の必要性を感じ、成年後見共済会による法人後見の利用を開始されたそうです。その後、Ａさん自身の癌の進行が進み容態が悪化したこと受け、手術等の検討をすることになりました。しかしながら、文書での同意が必要な輸血や手術については、後見人であっても法律上できない状況であり、唯一の身内である母親は認知症により契約行為はむずかしく、最終的には、法律上の責任は負わないという形でＡさんの作業所の施設長が文書にサインをしました。このような状況で、誰が医療同意をすべきなのか、できる権限があるのかという点においてあいまいさが残ります。

知的障害のあるＢさんは一人暮らしをされていて、頼れる家族はいません。Ｂさんは、一人暮らしをするなかで、生活に必要な電話機や洗濯機が壊れたことはヘルパーなどの支援者に伝えることができますが、それから先、誰がどのように対応するのかという点においては後見人だけでは対応ができません。買い物をする際に、Ｂさんの貯金の中から支出するということは後見人で対応できますが、実際に買いものに同行したり、通院に付き添うなどの直接的な支援は後見人の業務外です。この時も、相談事業所やヘルパー事業所などで本人を中心としたチームで連携し、役割分担をしながら対応されたそうです。

成年後見共済会では、2021年3月現在、大阪府下の35人の方を後見人として支援していますが、マンパワー不足解消の課題と並行して、今後も責任ある後見支援活動が行なえる仕組みづくりをしていかなければならないと言われています。

ニーズとマッチしない制度設計

障害者支援の領域で成年後見制度が広がらない理由について、矢追さんは、第1ケアラーとして生活を支えてきた親のねがいとしては、財産管理だけではなく、日常生活の支援を細やかにしてほしいということもより強いニーズとしてあると指摘されています。

季節ごとの衣替えや通院の付き添い（本人の症状）など、生活の節々において求められるきめ細やかな支援には、後見人には直接的な支援は業務外という制度的な課題と、後見人として支払われる報酬が十分ではないため、マンパワーを確保できないという理由により、ニーズがマッチしないのです。

ちなみに家庭裁判所によって定められる後見人としての基本報酬額は、本人名義の財産が1000万円未満であれば月額2万円程度とのことです。これは、障害基礎年金と工賃を主な収入とする作業所の利用者にとっては、支払いが厳しい額です。単純計算で1年で24万円、10年で２４０万円であり、仮に20歳から80歳まで利用した場合１４４０万円にもなります。しかし一方で、細やかな支援を行う成年後見人を仕事として成り立たせようと考えるときわめて不十分な額であり、本人にとっての必要な支援を行き渡らせることはとてもできません。

また、障害者が成年後見人制度の利用をいったん開始をしたら、基本的に本人が亡くなるまで継続的に利用し続けることになり、家庭裁判所の判断なしには後見人からやめるという申し出をすることは基本的にむずかしいです。後見人側の生活状況の変化など想定できないこともあり、長期にわたり後見人業務を遂行できるかということを考えなければならない点は、高齢者への対応とは異なる点です。

支援ネットワークの構築が必要

成年後見共済会では現在、親の高齢化に伴い、経済的分離の課題と合わせた生活環境の分離も視野にいれ、生活全体の相談が増えているそうです。その時には、後見人として地域にある社会資源を探していくことは限界もあるので、相談支援事業所などの支援ネットワークを構築していくことも必要になっています。

弁護士として、後見人業務を担う藤田さん（仮名）に障害者の後見業務の実際についてお話を聞きました。

藤田さんが担当されているのは、家族との交流がほとんどない状況で、長期にわたり重症心身障害者施設に入所している方です。発声はできませんが、知的な能力は高く、意思表示が可能です。藤田さんは、当事者と年に2回ほど会い、施設のカンファレンスに同席もされています。これまで、本人の希望で施設職員と一緒に外出したり、本人の希望でCDやお気に入りのDVDを買って送っています。外出時に同行する関係者の費用（入場料、交通費等）は当事者の負担となります。

藤田さん自身は、当事者との日常的な関わりが少ないなかで、後見人として独断で本人に代わって意思決定を行うのは望ましくないと考えています。当事者の意思を確認するのとあわせて、普段からケアしている施設のスタッフからの情報も重視するとのことでした。任意後見制度を除いて、そもそも裁判所に選任される専門職の後見人が、選任前から当事者やその家族と交流があるケースは多くありません。また裁判所は身上監護について、積極的に当事者の生活環境や体調面への変化に対する助言や指導をすることはできず、そのような専門性はありません。その結果、身上監護の面で、後見人がどのように当事者と関わるかは後見人の姿勢や考え方に左右されると藤田さんは言います。

このような状況では、どのような後見人と出会えるかということも運任せのような状況になってしまい、成年後見人が当事者に代わっての意思決定をなし得るのかということについては疑問が生じてしまいます。

家族にとっての後見人制度―安心して託せるものであるのか？

今回、成年後見共済会の会員として成年後見制度を利用されている2人の親御さんにも手記という形で思いをお聞きしました。

今回、手記を寄せていただいたお二人ともに、障害のある子どもさん以外のきょうだいはおらず、自分たちが高齢になり子どものことに関する判断ができなくなった時、あるいは万が一のことがあった時に備えて、親御さん自身と共済会との複数後見という形をとっておられます。

今はお二人とも、親にも子どもさんにも健康上の問題がないので、特に心配はなく、親が後見人になった後もそれまでとほとんど変わらず子どもに対する役割は果たされているとのことでした。現在は、成年後見共済会が通帳管理、生活費の送金と裁判所への報告書提出、当事者との面会（グループホームや作業所へ2ヵ月に1回程度の訪問）を担い、親は主に日常生活（衣・食・住に関すること）や休日の過ごし方（外出等）を考え、医療受診時の付き添いなどを対応するという連携を取られています。

お二人とも、親以外の後見人がついたことで、自分たちに万が一のことがあった場合に契約などの法律行為がすぐにできなくなるということはない、あるいは自分たち以外に託せる人ができたという道筋ができたことで大きな安心感を得ておられます。今の状況を「50％ぐらいは心配や不安は軽減したかな」と表現されていましたが、不安が50％軽減した理由としては、困ったことがある時に相談できる場所ができたことがあります。一方で、医療同意など後見人がどこまでできるのかということや、身上監護について、言葉で自分の意思を表現するのがむずかしい知的障害者に対してどのように本人の意思を尊重してもらえるのか、また、すべて後見人任せともとれるような国の姿勢に関しては不安を抱いておられます。そして「慈善事業の延長ぐらいのつもりで後見人制度を導入したのであればたまらない」と表現されています。

将来的には、何かあったときには、「後見人」である成年後見共済会の職員と作業所・グループホームで話し合いがしてもらえることを希望される一方で、両親が介護できなくなった後、休日・余暇の過ごし方、見守りがどこまでできるのかという不安があります。

制度がきちんと機能するように、後見人そのものを支援したり、補完する機能をつくったりという国の姿勢が見えなければ、この制度の利用者は増えないし、中途半端な立場におかれる人はいつまでも減らないと考えておられます。

本人の最善の利益を守れる制度に

ここでは、成年後見制度の実際について考えてきましたが、率直に言って、現状の成年後見制度は、自分の意思を言葉で表現することができない障害者の長年にわたる生活の見守りをするのはむずかしい制度だと感じました。

第一に、成年後見制度を利用するための利用料の問題です。成人してから平均寿命まで利用した場合、1500万円ほどの利用料になるような状況では、いくら本人や親が将来のために財産を築いたとしてもそれを守るための費用が莫大にかかるという矛盾があります。それを補うために各自治体で、成年後見制度利用支援事業などが整備されつつありますが、それを利用するにもさまざまな条件があり、多くの人は最低月に2万円という自己負担をしなければならない状況です。

第二に、成年後見人のもつ業務範囲や裁量の範囲に関わる問題です。直接的な支援や医療同意など、成年後見人の業務として定められているものには制限があり、手術同意を求められる緊急時などに機能できないという問題があります（しかしながら同意ができたとしても、その結果責任まで後見人にかかってくるとなると、担い手はますますいなくなると思います）。

第三に、身上監護における不十分さです。多くの障害者の家族にとって、自分がケアできなくなった後に（場合によっては親に代わって）本人の最善の利益のために動いてくれるのは誰なのかということが最大の関心事だと思います。日常的に関わる事業所が親身に寄り添う姿勢はもっていても、その時の状況によっては事業所の都合と本人の思いが一致しないことも考えられます。そのような時に、本人はどうしたいか、本人にとっては何が最善の利益かという点で、発言する人の存在は重要ですし、厚生労働省が示している意思決定ガイドラインにおいても「本人の自己決定や意思確認がどうしても困難な場合は、本人をよく知る関係者が集まって、本人の日常生活の場面や事業者のサービス提供場面における表情や感情、行動に関する記録などの情報に加え、これまでの生活史、人間関係等様々な情報を把握し、根拠を明確にしながら障害者の意思及び選好を推定する」と定めてあります。しかし、現状の成年後見制度においては、後見人がこのような場面に立ち会う「本人をよく知る関係者」になり得るのかという課題があります。日常的な本人の表情や感情、生活史、人間関係等を把握するには、かなりの生活場面を本人と共有する必要がありますが、現状の報酬体系では、後見人にそこまで求めることはできません。

端的に言って、成年後見人制度は、要介護期間が限られている高齢者の財産管理のみを対象として制度設計されているといっても過言ではありません。それとは異なるニーズをもつ障害者の長期にわたり、人生のあらゆる局面において当事者の最善を守る制度設計が求められています。

第Ⅳ章 老いる権利と看取る権利の確立をめざして

　ここまでのところで、現在の障害者家族をめぐる現実と課題を述べてきました。障害がある子どもを育てていても、当たり前に年を重ねるなかで、老いを迎えます。そして、障害があっても老いていく親を看取らなければならない時期が訪れます。人生の必然として、誰しもが経験する老いや親の看取りという事象を安心して過ごせるのは当たり前の権利です。ここでは、障害者家族にとっての老いる権利と看取る権利をどのようにとらえ、その確立をめざして社会は何を準備しなければならないのかということについて考えていきたいと思います。

1

高齢期の生活問題の諸相

ここまでのところで、私自身、改めて高齢期の障害者家族の生活について多様な側面から考えることができました。それをふまえて、ここでは老いる権利と看取る権利を確立するために、どのように現状の問題をとらえたらよいのかということを改めて整理したいと思います。

高齢期の生活問題は生涯の節々で生み出される

本書で取り上げた高齢期の問題の多くは、生涯の節々で蓄積され、高齢期に表面化するというとらえが必要です。高齢期の家族に関しては、経済的問題、家族から社会へのケアの移行の困難、家族自身の老いへの社会的支援の介入の遅れ、移行後の親子関係など、さまざまな問題が生じていることを取り上げてきました。

これらの問題は高齢期特有の問題ということではありません。障害のある子どもの子育て期から、社会資源の不足を補うために、家族による無償で無限のケアが「含み資産」として位置づけられ、家族はケアを最優先に行う生活が当たり前とされてきたことに起因するのです。

プロローグで障害者家族においては「子育て期」が長く続くと表現しました。親に話を聞くと、自分の子どもを「赤ちゃんの時と同じ」と表現される方がなかにはおられます。もちろん、年齢や生活経験に伴って子どもの成長を節々で実感されていますが、子どもの成長に応じて子どもへの関わる内容や時間が変化していく一般的な子育てに対して、幼少期と変わらないケアと生活スタイルを維持し続けなければならない親の生活が、赤ちゃんの頃から同じということなのだと思います。

また、障害を通じての「貧困」という問題の解決も必要です。障害者のケアに専念せざるを得ず、家計がシングルインカム（就労しているのが父か母のみ）で支えられていること、障害児者のケアには特別な出費が必要なこと、働く期間の低収入は高齢期の低年金に直結すること、それらの結果、障害のあるわが子の自立が困難になっていることなど、表面化していない部分も含め、当事者にとっては深刻な生活問題が生じています。

利用しているけど〝つながっていない〟社会資源

ケアの家族依存は、親子の双方の自立をむずかしくしています。ケアの家族依存の問題を考える時、障害のある人をとりまく社会資源が、家族の生活や人生をも支えるものである必要があります。

たとえば、最近地域で急増している放課後等デイサービスをめぐって、時々「子どもを預けすぎなのではないか」ということを耳にします。確かに、日替わりで行く場所や過ごす仲間が変わる子どものことを考えると、疲れるだろうなという思いも否めません。子どもを預ける親の中にも、子どもの様子が気になりながらも、一方で生活のためには、自分自身も働かなければならない状況にあるという矛盾を感じている方も多くおられることと思います。

塩見洋介さん（大阪障害者センター）の報告[1)]によると、複数箇所の事業所と契約を交わしている子どもが大半で、その理由として「過ごせる場所が多い方が良い」や「目的別に利用」しているというのも多いということがあります。塩見さんは、このような傾向の背景には、さまざまなサービスを選んで利用するという意識、つまり消費者目線から取捨選択する姿が広がっているのではないかと指摘しています。保護者はさまざまな「売り」を押し出した事業所が地域に点在しているなかで、「うまく利用しなければならない」というプレッシャーも感じているのだと思います。

このような状況は、学齢期の放課後等デイサービスだけではなく、就学前の児童発達支援から成人期の日中事業所まで、あらゆるライフステージで散見されます。消費者としてサービスを選ぶようになった人たちは、あくまでお客様で、その資源を一緒につくっていく人とは位置づけられません。第Ⅱ章に登場した埼玉の暮らしの場づくりに参加されている足立早苗さんは、入所施設づくり運動に子どもも親も参加するなかで、子どもたちは安心できる暮らしの場を得て、親たちは子育てを共有できる仲間と自分の人生を見直す機会を得たことを語っておられました。

このような安心できるつながりは、消費者としての関わりだけはもてないもので、きちんとつながることのできる仕組みとゆとりが必要です。

当事者にとっては「場」ではなく「ありよう」に着目した暮らしが必要

本書を通じて新たに考えたことは、親の高齢期やケアの移行が障害当事者にとってどういうものであるのかということでした。これまでの実践現場や研究における「親亡き後」に関連するテーマは、あくまで家族にとっての心配事としてとらえる視点が中心でした。しかしそれは、本人にとっての自立とは少しズレた議論だったのかもしれません。

私自身も今回の調査や取材を通して、改めて障害当事者が親の高齢化や、それに伴う自分の暮らしをどのように考えているのかを知ることができました。暮らしやケアの「移行」という言葉に象徴されるように、障害者の自立は生まれ育った家族から離れて暮らすことを前提として考えられているのが一般的なように思います。しかしながら、本人たちの中には、家族だけではなく、それまで培ってきた地域との関係性や近隣の顔なじみの人たちの中で暮らし続けたいと考えている人もいることがわかりました。

障害のある人にとっての「地域生活」とは何を指すのか、国の方針にある入所施設を批判し地域移行を進めるというような「場」の問題として安直に考えるだけではなく、そこでどのような暮らしを展開していくのか、その「ありよう」に着目する必要を感じます。

そのように考えると、現在のようなグループホームや入所施設（もちろんこれも不足しているのですが…）だけではなく、一人暮らしや結婚生活、生まれ育った家で暮らし続けるための支援など、多様な選択肢を増やすためにも、関係者の間で暮らしのイメージを豊かにすること、実際にそれを支える制度が必要だと思います。

また本人たちにも自分たちの将来を描けるようになるための機会と仲間が必要です。障害者自身が、育ちのプロセスの中で自分たちの生活を振り返り、社会の仕組みを知り、これからの希望を語る機会が保障されることが必要です。本人たちが〝自分の暮らし〟を送ることができているという確かな手応えとそういう自分に対する自信が、親の老いやその後の看取りという困難や喪失感を乗り越えていく支えになるのだと思います。

想定できない「子離れ」

第Ⅱ章において、現状のケアの移行は、親のケア力が低下した後に生じていると説明しましたが、そのような状況では「子離れ」後の親の生活というのはなかなか想定しにくいと思います。

プロローグでも障害者の親には「中年期」が喪失した状態であると書きましたが、いくつかの研究において、子育てを中心的に担う女性にとって「空の巣期」とも呼ばれる中年期は、自分の人生の肯定感を高めるうえでとても重要であると指摘されています。自分の子育てを振り返り、楽しかった思い出や頑張ってきた自分を認め、「親」という役割が一段落した後に、自分の生活や夫婦関係を再構築し、これまでとは異なる距離感で子どもたちとの関係を築くことが、親自身が自分の人生を肯定することにつながるということです。そして、そのことがその後に続く「高齢期」へのスムーズな移行へとつながります。

しかし、実際には、障害者の親にはそのような状態は生じにくく、その背景には社会資源の不足とあわせ、親自身にも自分がケアラーとしての役割を終えた後にどのような生活があるのかを想像しにくいということがあります。そのために、親が要ケア状態になっても、自分はケアされるよりもケアをする側という意識が強く、社会的支援の介入が遅れる、すなわち高齢期への移行がスムーズにできないケースも現場では頻繁に見聞きします。

高齢期の子離れだけを考えるのではなく、その手前の親となってからの各ライフステージにおいて、「親」としてだけではなく、それ以外の属性で生きる場面がどれだけ保障されてきたのかを考えることが必要だと思います。

周縁化した問題に目を向けること

そして見逃してはいけないのは、第Ⅲ章でも取り上げた中山間地域や無年金障害者など周縁化している問題です。

資源が乏しく生活に不安を感じる状態であることも、制度の狭間に落とされてしまっていることも、本人たちの責任を問うべき問題ではありません。都市部中心の制度設計や市町村合併による自治体の広域化などによって、生まれ育った地域で最後まで暮らすという当たり前のねがいは、実現困難なものになりつつあります。

また、高額な保険料を支払った人だけがいざという時の安心を得られるという社会保険による年金制度は、国民の多くを生活不安に陥れています。

周縁に追いやられたところで困っている人たちの小さな声をていねいに拾い集めながら、みんなが安心して生きることのできる社会を考える必要があります。

1）塩見洋介（2017）「障害児通所支援の多様化と療育の今日的課題─大阪の実態から」『障害者問題研究』第45巻1号

2 社会的支援の方途

最後に、具体的に老いる権利と看取る権利とはどのようなものかということと、それを実現するための社会的支援について考えていきたいと思います。

老いる権利と看取る権利

本書で考えてきた「老いる権利と看取る権利」とは、家族に課せられているケアの第一義的責任を解除し、緩やかに家族をつなぐことを考えるものです。「老いる権利」とは第1ケアラーとしての役割を社会に委ね、自分の老いと向き合いながら子どもとの関係をつくり直していくことです。「看取る権利」とは、まさに障害のある人が自分の親を看取るための権利です。「老いる権利」を保障するためには家族個々人の人生を支える支援が必要であり、反対に「看取る権利」を保障するためには、家族をつなぐための支援が必要です。

家族自身の人生を支える支援と家族をつなぐ支援

家族自身の人生を支える支援としては、障害者の親が働くための子どもの居場所保障や緊急時に休みやすい職場環境の整備、親の病気療養や冠婚葬祭を含むレスパイト施設の整備などがあります。それは、親が障害のある子どもの親という属性やそこでの役割を離れることにつながります。そのような意味では、きょうだい児と、自分の親（障害のある子どもにとっては祖父母）と、そして夫婦で過ごす時間や機会の保障が考えられます。

一方で、家族の人生を個として支えるだけではなく、家族をつなぐ支援も重要です。第Ⅱ章でも紹介したように、現在の高齢期家族を支えているのは、職員によるボランタリーです。制度的には、家族のケアがむずかしくなり、親子それぞれが入所型の暮らしの場に移行した場合、会いに行くための外出支援や施設内に家族が過ごすことができるスペースがないなどの理由で、会うことさえむずかしくなります。障害者のケアは元気な親が担う、高齢者のケアは障害のない子どもが担うということを前提とし、障害者、高齢者を個として支援すれば良いとした現行制度の不備によるものです。

この問題については、家族が直面した時には、すでに声をあげるのがむずかしい状況にあります。家族にとっては、「親亡き後」問題の解消をめざして頑張ってきたのに、自身が「高齢化」の問題に直面し、さらに「要介護状態」になったら子どもと会えず悲しい思いをするというのは、あまりに理不尽です。また、自分が逝った後の子どものことが心配である、自分自身の最期をどのように迎えるのかというさまざまな葛藤や不安を抱える家族を思う時、職員が家族の不安を聞き取るための体制や時間の保障も必要だと考えます。

自助と同時に家族責任も強調する現代社会においては、家族は互いに扶養するか、それができないとなると疎遠になるしかないという二者択一的な関係を求められます。ケアラーだからそばにいるのではなく、家族だからそばにいる（もちろんそばにいないという選択も尊重されるべきです）、家族の緩やかなつながりを維持するための支援の制度化が必要です。

ケアの第一義的責任が社会にあるということ

ケアの第一義的責任が家族ではなく社会にあるというのは、具体的にどのような状況なのでしょうか。北欧の国々で制度化されている家族手当を例に考えてみたいと思います。フィンランドでは、自治体によるちがいもありますが、成人期の障害者と同居する家族には家族手当が支給されています。本来であれば成人期の障害者にはグループホームなどの暮らしの場を政府が用意すべきところ、それが整わないので、代わりに家族がケアを担っているという考え方に基づくものです（フィンランドは北欧の中でも成人期障害者と家族との同居率が高い国です）。すなわち、ケアの第一義的責任は社会にあり、それを家族が補完しているという発想です。

行政の担当者に聞き取りを行なったところ、障害者の親で家族手当の受給をしているのは親が60代くらいまでのケースが大半だそうです。それ以降になると、「(高齢になった)親では本人にとって最善のケアを提供できないから」という理由で、グループホームなどの暮らしの場への移行を勧めていきます。日常的な家庭訪問などで個別状況を把握しながら、家族とも話し合いを重ねてその時期を決めているとのことでした。これは、子どものケアに第一義的な責任をもつケアラー役割を降りる支援とも言い表すことができると思います。

このような家族の状態を客観的に把握しながら、場合によると本人たちも気づかないしんどさなどに寄り添い、しかるべき社会資源につないでいく専門職の存在はとても心強いと思いました。

ケアラーとして社会に登場することの重要性

このような家族支援の枠組みを構築するための第一歩として、ケアラーとして社会に登場し、意見を表明することが重要だと思います。これまで政府によって「(3歳まで)抱っこし放題(ということで育休を延長する)」や「介護離職ゼロ(ということで入所型施設を整備する)」ということでさまざまな施策が打ち出されてきましたが、家族にとってはケアラーとしているかいないかどちらかを選ぶことが迫られるものでした。大事なのは、ケアラーでありながらも労働者である、あるいは市民として活動するなど、ケアラーとして社会に登場することだと思います。

それには、今こそ家族の当事者運動が必要であり、ケアラーという立場から社会がどのように見えているのかを発信することはとても重要だと思います。デンマークでは、ケアラー憲章として、ケアラーとしての良い生活が明文化されています。

デンマークのケアラー憲章　―ケアラーが良い生活を送るための10の条件―

①できるだけ介護を始める前と同じ生活を続けることができる
②あなたの声が届いており、自分の意見や要望を真摯に受けとめてもらえていると感じられる
③あなたのケアラーとしての貢献が十分に評価され、尊重されている
④行政担当者や専門職は、あなたの心身の状態を気にかけてくれている
⑤ケアを誰かに代わってもらうための手立てがある
⑥ケアの役割から一時的に離れて自分をケアする機会を持つことができる
⑦あなたは、家族の病気や障害が自分にどのような影響をもたらすかを理解できる
⑧自分と同じ立場のケアラーと出会う機会がある
⑨行政担当者や専門職とコミュニケーションがとりやすいと感じている
⑩あなたがケアしていることは、あなたの仕事に必要以上の影響をおよぼさない

児玉真美（2019）『殺す親・殺される親』生活書院より

日本でも、2020年3月に埼玉県でケアラー支援条例が制定されました。その第3条（基本理念）において「ケアラーの支援はすべてのケアラーが個人として尊重され、健康で文化的な生活を営むことができるように行われなければならない」と明記されています。ケアラーの定義（2条）において「高齢、身体上又は精神上の障害又は疾病等により援助を必要とする親族、友人その他の身近な人に対して、無償で介護、看護、日常生活上の世話その他の援助を提供する者」として、家族に限らず友人なども含むとした点は評価できます。これらを絵に描いた餅にしないように日本の障害者家族の現実をとらえ直す必要がありそうです。

ケアを尊重した社会に向けて

障害者家族の高齢期の生活問題を解決するための即時的な手立てはありません。本書で述べてきたような多様な生活問題はすべて社会によってつくり出されてきた問題であり、社会的に解決するほかはありません。

重要なのは、これらの問題は、子育てや高齢者介護などあらゆるケアと通底する社会的要因によって生み出されているということです。最もしんどい人たちのことを考えることで、あらゆる状況の人が生きやすい社会へとつながります。

障害者家族の高齢期の問題を考えることは、すべての人に不可欠であるケアの価値を見直し、どのような社会を構想するのかという政治哲学的な問題でもあるといえます。

ケアを社会の枠組みにどのように位置づけるのかということを政治哲学の分野から提起しているマーサ・アルバートソン・ファインマンは『ケアの絆　自立神話を超えて』（穐田信子・速水葉子訳、岩波書店、２００９年）において、「…私たちは、たとえいま現在、苦労していなくても、将来家との関わりで自分の人生がどうなるかわからないと自覚すべきである。自分の意思に関わらず、私たちは（子どもや、年老いた両親の：筆者注）ケアの担い手になるかもしれないのだ…私たち自身が障害を持つかもしれない。ケアの担い手ではなく、ケアの受け手になるかもしれないのだ。そうなれば、私たちを世話してくれるケアの担い手が必要な資源に困らないで欲しいと切に願うことだろう」というように、あらゆる人にとってケアとは不可避な事象であり、誰しもがケアの当事者になると述べています。

さらに、ケアを引き受けるかどうかということを個人の選択によるものだという点についても「依存に関する仕事（ケア：筆者注）を引き受けるのは、個人の選択だとしてしまうと、社会的責任についての議論が無視される。…選択は歴史や伝統を始めとする社会的条件の制約下でなされるという点が見落とされてしまう」と述べています。すなわち「障害のある子どものために自分のすべてを犠牲にしてでもケアに専念したい」という母としての思いによる選択は個人の意思のみに基づくものであると思われがちですが、そのような見方では、母親にケア役割を期待する身近な家族や専門家などを含む社会の価値観や、家族を「含み資産」としてみなし補完的にしか整備されない社会資源の状況によって、やむをえず仕事を辞めてケアに専念する生き方を選ぶしかなかったという点を見落としてしまうのです。

私は、障害者の家族は、女性の生き方が多様化している現代において、いわゆる子育て期の長期化やそれに伴う就労からの排除（もちろん仕事以外の自由な時間からも）、そしてケア役割の固定化などの状況において、まさに「周回遅れ」の家族の形があると考えています。長期にわたる濃密なケアを要する人たちのことを考えることが、すべての人の生きやすい社会を考えることにつながっていると思います。

今から約40年前に制定された１９７９年の国際障害者年行動計画にある「ある社会がその構成員のいくらかの人々を閉め出すような場合、それは弱くてもろい社会である」という言葉の意味を今いちど問い直す必要がありそうです。

おわりに

本書のもとになった連載を書いていた２０２０年は新型コロナウイルスに始まり、新型コロナウイルスに終わった（今、現在も収束の見通しは見えませんが）一年だったように思います。多くの人々が日々の生活の見通しが見えないなかで、障害者を含むいわゆる社会的弱者と言われる人たちに最も大きな影響が出ました。

そのようななかで、一斉の自粛期間が明けた２０２０年7月には、京都で高校2年生の障害がある子どもをケアしていたシングルマザーが、子どもに手をかけてしまったという事件が起こってしまいました。新聞報道によると、数年前から自分の体力を上回っていた子どもへの対応に悩んでいた様子がみられたとのこと。母親の悩みや不安を共有できる人はいなかったのだろうか、疲れた時にケアを代わってくれる人はいなかったのだろうか、今後の進路などの悩みもあったのだろうかなど、どこまでも憶測でしかありませんが、ケアラーとしての役割から逃げ場のない状況のなかで、一斉自粛によりケアが全面的に家族に押し付けられたことで閉塞感を高めたことは想像に難くありません。「大変な時は家族に」という社会の姿勢が、家族内部における緊張関係を高め、母親を追い込んでしまったのではないかと思います。

そのような緊迫した状況と地続きの生活をされているであろう多くの方々に連なる問題を本書が提起できているかどうかは、読者のみなさんの評価を待ちたいと思います。

同じテーマでの連載というのは私にとって初めての経験でした。連載記事は私が、これまで書いてきたものの中で一番多くの人に読んでいただいたのではないかと思います。連載を通じてのご縁で、ある地域の読書会に1年間参加させていただいたり、本テーマの学習会にお声かけいただいたりと、自分が考えていることがご家族や専門職の人たちにどのように受けとめられるのかを知ることができ、次の執筆内容に反映できるという緊張感はあるけれど手応えも感じられるとても有意義な機会をたくさん得ました。

現場で教えていただいた現実を汲み取り、それが原稿という形で現場に還元され、さらに新たな課題を見つけ私の元に返ってくるという理論と実践の循環運動でした。『みんなのねがい』の読者のみなさんの懐の深さを知り、奥深さを体感しました。

滋賀の重症心身障害の子ども（成人）の母親である小川真奈美さんから、連載の終わり頃に次のようなメールをいただきました。ご本人の許可をいただき、紹介します。

「親である私たちは、必死で頑張らなければ子どもの生活が回っていかない現実があるし、自分の望みとして子どものケアをしたいと思ってやってきました。でも、〝Aちゃんのお母さん〟という存在だけでは嫌という自分の気持ちに気づいてしまったら、自分のことは後回しになっている現実に、目を向けざるをえなくなります。気づかなければ、〃よく頑張っているAちゃんのお母さん〃で、自分も満足していられます。

そんなことを思った時に、養護学校義務化のことを思い出しました。あのころのお母さんも、学校へ行きたいという願いを、わざと気づかないふりをしていたのではないか。叶えられそうもない願いをもつのは、かえってつらいと。運動の始まりは、そうなのかもしれません。気づいてしまったら、気持ちの中に矛盾が起きる。見て見ぬふりをするのか、変えるために一歩踏み出すのか。そして就学運動の時、そういうしんどい気持ちの親たちを先生方が支えてくださって、でも就学が叶わずに亡くなった子もたくさんいただろうと思います。でも、この子たちにも教育を受ける権利は当たり前にあるんだよと、きっと先生方が親を励まし支え続けてくださったんだろうなと思うのです。

今、私たち親に、『親自身の人生を』と言われても、現実をみるとむずかしい。でも、それに気づかせてくれて、一緒に頑張ろうと言ってくれているのかなと思ったりしました」

私自身もまた、未熟なケアラーの一人として、当事者としてこの問題に関わり続けようという思いを新たにしました。

本書は、多くの人に支えられてできあがりました。

まずは、誰よりも、日々、まさに「目の回るような」生活やお仕事をされているご家族や関係者のみなさんに調査やインタビューという形でご協力いただきました。実名を出されている方もそうではない方も、さらには、今回、紙面には書ききれなかったエピソードを教えていただいた方も含めて、みなさんから伝えていただいた生活の現実やそのなかでの思いは、「このことを書かなければ、伝えなければ」という私自身を突き動かす何よりの原動力となりました。みなさんが伝えたかったことのすべてを文字にする力量はありませんが、ある方の生活の現実やそのなかでの思いが、ほかの方の問題意識とつながる橋渡しが少しでもできたとしたらとてもうれしく思います。

本書の表紙やイラストは、クボタノブエさんに描いていただきました。表紙のモチーフは、女性たちの連帯です。本書は、高齢期の生活問題について取り扱ったものですが、それは高齢期だけに生じるのではなく、生涯を通じて蓄積される問題の表れであるということ、障害のある子どものケアラーである女性たちが引き受けている不利は世代を超えて受け継がれてしまっているということ、そしてその解決に向けてあらゆる状況にある女性たち（もちろん男性も）が手を取り合うことが必要であると考えました。このモチーフをクボタさんにお伝えしたところ、表紙の高齢女性の手に「希望」が花言葉のトルコキキョウを持たせてくれました。これまでの歴史の積み重ねのなかで、受け継がれてきた希望のバトンを私たちがどのように受け取り次の世代に渡すのかが問われていると思いました。

全国障害者問題研究会事務局の社浦宗隆さん、きょうされん事務局の佐藤ふきさんには編集者としてあるいは最初の読者として、本書を完成するうえでとてもお世話になりました。私自身は良い書き手をめざしての途上ですが、お二人はとてもすぐれた編集者だと思いました。

そして、最後に本書を手に取っていただいたみなさん、直接的につながっていただいている方もこれからお会いするであろう方も、本当にありがとうございます。そして今後ともどうぞよろしくおねがいします。

２０２１年６月　　田中智子

田中智子（たなか　ともこ）

佛教大学。研究テーマは障害者のいる家族に生じる生活問題、障害者福祉援助の専門性。著書に『知的障害者家族の貧困―家族に依存するケア』（法律文化社）、編著に『いっしょにね!!―障がいのある子もない子も大人たちも輝くために』（クリエイツかもがわ）など。
家族は、夫（メインのケアラーとして頑張ってくれています）、マチュピチュ（犬・11歳・最近は寝てばっかり）、長女（8歳・しっかり者）、長男（4歳・自由人）で、日々家族であることのおもしろさと大変さを実感しています。

本書をお買い上げいただいた方で、視覚障害等により活字を読むことが困難な方のために、テキストデータを準備しています。ご希望の方は、全国障害者問題研究会出版部まで、お問い合わせください。

障害者家族の老いる権利

2021年7月15日　初版　第1刷発行
2022年9月15日　　　　第3刷発行

著　者　田中智子
発行所　全国障害者問題研究会出版部
〒169-0051
東京都新宿区西早稲田2-15-10 西早稲田関口ビル4F
Tel.03-5285-2601　Fax.03-5285-2603
http://www.nginet.or.jp
印刷所　モリモト印刷株式会社

　ISBN978-4-88134-935-9